234
Welsh Verbs
Standard Literary Forms

by

Kathryn Klingebiel

Ford & Bailie, Publishers
Belmont, Massachusetts

1994

© Kathryn Klingebiel 1994

Published by
Ford & Bailie, Publishers
P.O. Box 138
Belmont, MA 02178

Design by Paula Powers Coe

Library of Congress Cataloging-in-Publication Data

Klingebiel, Kathryn.
    234 Welsh verbs : standard literary forms / by Kathryn
Klingebiel.
        p.   cm.
    Includes bibliographical references.
    ISBN 0–926689–04–5 : $18.95
        1. Welsh language—Verb. I. Title. II. Title: Two
hundred thirty-four Welsh verbs.
PB2161.K57   1994
491.6'682421—dc20   93–41684
                                                                 CIP

This book is printed on acid-free paper and bound in the United
States of America.

Table of Contents

This book of verb forms, or paradigms, is intended to supply correct forms and spellings for some 234 standard literary Welsh verbs. Grammars of literary Welsh generally agree that Welsh verbs can be differentiated into three categories: regular, contracted, and irregular, leaving a residue of defective verbs that lack certain persons or tenses. In fully conjugated verbs there is little, if any, variation in person and number endings, save variants belonging to early Modern Welsh. Variation occurs in forms such as the pluperfect indicative third-person plural *-ent*, *-ynt;* imperative third-person plural *-ent*, *-ant*; and the impersonal pluperfect doublet *-asid*, *-esid*. Today, the reasons for such pairs are relatively (or totally) opaque. A modern-day speaker may sense in *caresid* the same *a* to *e* shift as in present-tense *caraf*, *ceri* 'I love, you love', although such internal vowel changes are disappearing from the spoken language. But that same speaker would have trouble accounting systematically for many other sets of historical or regional variants, simply absorbing one or more of them as so-called ''exceptions.''

Traditionally, verb regularity in Welsh is sought in the stem. A regular verb is one in which regular endings are appended to a verb stem identical with the verb-noun, e.g., *caraf* 'I love'/*caru* 'love, loving' (stem *car-*). The multiple stems of any non-regular verb reflect an older system that has disappeared, leaving traces today in only two families of verbs, *bod* 'be', and *myned*, *mynd* 'go'.

Following Morris-Jones' *Welsh Grammar*, standard grammars of modern Welsh typically illustrate the three categories of conjugated verbs mentioned above: (i) regular; (ii) contracted, in which the final vowel of the stem has been lost before any vowel-initial ending, e.g., *troi* 'turn': *tro-af* > *trof*; and (iii) irregular, that is, verbs having more than one stem, e.g., *bod* 'be' and its compounds.

Regular endings for the simple, or so-called ''short'', forms of standard Welsh literary verbs are as follows:

PRESENT/FUTURE

-af	-wn
-i	-wch
-0, -a; also -ith, -iff	-ant
(from the spoken language; see below)	

v

Impersonal: **-ir**

IMPERFECT / CONDITIONAL

-wn	**-em**
-it	**-ech**
-ai	**-ent**

Impersonal: **-id**

PAST

-aist	**-(a)som**
-aist	**-(a)soch**
-odd	**-(a)sant**

Impersonal: **-wyd**

PLUPERFECT

-(a)swn	**-(a)sem**
-(a)sit	**-(a)sech**
-(a)sai	**-(a)sent**

Impersonal: **-(a)sid, -(e)sid**

SUBJUNCTIVE PRESENT

-wyf	**-om**
-ych, -ech	**-och**
-o	**-ont**

Impersonal: **-er**

IMPERATIVE

- -	**-wn**
[root], -a	**-wch**
-ed	**-ent**

Impersonal: **-er**

To represent regular verbs, the possible meanings of the various simple tenses and moods of literary *canu* are fully glossed here in English:

canu
'sing, play', (nominal) 'singing'   Stem: **can-**

PRESENT / FUTURE

canaf 'I sing; I will sing'
ceni 'you sing; you will sing'
cân, cana 's/he sings; s/he will sing' [also **-ith**/**-iff**; see below]
Impersonal: **cenir** 'it is sung'

canwn 'we sing; we will sing'
cenwch, canwch 'you sing; you will sing'
canant 'they sing; they will sing'

IMPERFECT / CONDITIONAL

canwn 'I was singing; I would sing'
canit 'you were singing; you would sing'
canai 's/he was singing; s/he would sing'

canem 'we were singing; we would sing'
canech 'you were singing; you would sing'
canent 'they were singing; they would sing'

Impersonal: **cenid** 'it was sung; it would be sung'

PAST

cenais 'I sang; I have sung'
cenaist 'you sang; you have sung'
canodd 's/he sang; s/he has sung'

canasom 'we sang; we have sung'
canasoch 'you sang; you have sung'
canasant 'they sang; they have sung'

Impersonal: **canwyd** 'it was sung'

PLUPERFECT

canaswn 'I had sung'
canasit 'you had sung'
canasai 's/he had sung'

canasem 'we had sung'
canasech 'you had sung'
canasent 'they had sung'

Impersonal: **canasid, canesid** 'it had been sung'

SUBJUNCTIVE PRESENT

canwyf 'that I may sing'
cenych 'that you may sing'
cano 'that s/he may sing'

canom 'that we may sing'
canoch 'that you may sing'
canont 'that they may sing'

Impersonal: **caner** 'it may be sung'

IMPERATIVE

- -	**canwn** 'let us sing!'
cân, cana 'sing!'	**cenwch, canwch** 'sing!'
caned 'let him/her sing!'	**canent** 'let them sing!'

Impersonal: **caner** 'let it be sung'

In the spoken language, several tenses are typically expressed by a periphrastic construction consisting of a conjugated form of *bod* + the verb-noun (e.g., *canu*): present *rydw i'n canu* 'I sing, I am singing', imperfect *roeddwn i'n canu* 'I used to sing, I was singing'. The spoken language reserves future value to the conjugated present/future form *canaf i* 'I will sing' and conditional meaning to the conjugated imperfect *canwn i* 'I would sing'. In the spoken language, 3d person singular forms in *-ith*, *-iff* have future value only. They are not interchangeable with the short forms of the present and are not presently acceptable in the literary language.

In the spoken language, the following tenses are also expressed with *bod*: present perfect *rydw i wedi canu* 'I have sung', perfect continuous *rydw i wedi bod yn canu* 'I have been singing', pluperfect (past perfect) *roeddwn i wedi canu* 'I had sung', and pluperfect continuous *roeddwn i wedi bod yn canu* 'I had been singing', future *byddaf i'n canu* 'I will be singing', future perfect *byddaf i wedi canu* 'I will have sung', and future perfect continuous *byddaf i wedi bod yn canu* 'I will have been singing'.

Also in the spoken language, the following are generally formed periphrastically with the spoken conditional tense of *bod*, e.g., first-person sg. *baswn* (contrast literary *buaswn*): conditional *baswn i'n canu* 'I would sing, I would be singing'; perfect conditional *baswn i wedi canu* 'I would have sung'; and perfect conditional continuous *baswn i wedi bod yn canu* 'I would have been singing'.

In contrary-to-fact situations, the spoken language uses a subjunctive-conditional form with the following variants: *pe baswn i'n canu*, *pe bawn i'n canu*, and *petawn i'n canu* (< *pe* + *bawn*) 'if I were to sing'.

Verbal adjectives or participles in *-edig*, *-adwy* are shown only if attested in a source listed in the bibliography. However, verbs for which no forms are shown should not be considered defective. The sense of these verbal adjectives/participles can be expressed other than with the *-edig*, *-adwy* endings: (i) some verbs allow formations with *ar*: *ar agor* 'open', *ar gau* 'closed' (verb-nouns *agor*, *cau*); (ii) all verbs allow forms with *wedi*, e.g., *wedi agor* 'open[ed]', *wedi cau* 'closed'.

While regular and irregular verbs alike undergo largely regular inflectional processes, verb regularity in Welsh is more complex than the above definitions and examples might suggest. In the past impersonal forms of *dyfod* 'come': *daethpwyd*, *deuwyd*, *doed*, *dowd*, for example, there is variation in both endings and stem. Paradigms cannot be discovered simply by adding endings to a stem or stems, because several factors have influenced the stems of many verbs.

Vowels are affected by metaphony (or vowel raising), e.g., *a* > *e* in *caraf* 'I love', *ceri* 'you love'. They are mutated by apophony (vowel alternation), e.g., *o / aw* (*nofiaf* 'I swim', *nawf* 's/he swims'), *y / w* (*cysgaf* 'I sleep', *cwsg* 's/he sleeps), or *ei / ai* (*ceisiaf* 'I try', *cais* 's/he tries'). These two phonetic processes produce synchronically unpredictable changes in as many as fifty verbs that are traditionally labeled "regular". Many present indicative 3d person singular forms are now felt, even by cultured native speakers, to be hopelessly obsolete, e.g., (*tarfu* 'scare, disturb') *teirf*, today replaced by the living form *tarfa* 's/he scares'. In addition, regional variations are numerous, even irreconcilable, although few dialect forms have achieved literary status. Analogical leveling continues in the spoken language, its effects gradually invading the literary register as well.

The changes wrought by these various forces are morphological, affecting form; but they have logical consequences for spelling as well. In all matters pertaining to doubling of consonants, use of written accents, and other orthographical adjustments, the latest edition of *Orgraff yr Iaith Gymraeg* is essential; however, the rules pertaining to verb forms are dispersed throughout. Additional spelling aids such as J. Elwyn Hughes' *Canllawiau Iaith a Chymorth Sillafu* have recently become available. Many modern grammars currently available provide representative paradigms, often limited to first-person forms. Along with literary forms descended from early Modern Welsh, the nineteenth-century grammars listed in the Bibliography offer fascinating glimpses into experimental, reconstructed, even fanciful paradigms; however great their historical interest, these forms have little value for students of modern standard literary Welsh. Rather, primary importance has been accorded here to works by John Morris-Jones, Stephen J. Williams, Morgan D. Jones, and T. Arwyn Watkins, with close attention to the *Geiriadur Prifysgol Cymru*.

A number of choices have been made to simplify consultation of the paradigms below. Glosses have been confined to the verbal value of each verb-noun, e.g., *canu* 'sing', with the most frequent meaning listed first. A handful of non-verbal adjectival forms have been provided in instances where verbal adjectives are lacking.

Present and future have been listed together, except in *bod* and its compounds, where separate forms of present and of future/present habitual (or consuetudinal present) exist; likewise, imperfect and conditional are listed together. Under "Past" is given the preterit form, glossed both as simple past ('s/he sang') and as perfect ('s/he has sung'). No imperfect subjunctive forms are shown, since they are identical to imperfect indicative except for irregular verbs based on *bod* and *mynd,* where this tense shows special forms. Older verb forms are listed before newer ones, beginning with obsolete forms (labeled "obs."). If two forms are listed, the first represents an older state showing affection of other morphological feature, e.g., (*plannu* 'plant') present/future second-person plural *plennwch, plannwch*.

Since the 1975 edition of the *New Testament*, unaffected forms such as *plannwch* have gained greatly in acceptability. Spoken forms are unquestionably occurring in a wider variety of literary uses. One's definition of "literary Welsh" depends today on factors of age, regional origin, level of education, and the context of written communication. This book, relying on the help of some fifteen native Welsh informants, proposes generally acceptable, reliable paradigms for students and users of the standard literary language. Again, these paradigms are intended as spelling aids; detailed information on meaning or usage must be sought elsewhere.

Among the Welsh-born informants whose participation made

possible this collection of paradigms, thanks (in alphabetical order) go to Basil Davies, Geraint Gruffydd, Rhisiart Hincks, Glenys Howells, Ian Hughes, *Bedwyr Lewis Jones, Nerys Ann Jones, R. M. Jones, Peredur Lynch, Ann Parry Owen, M. Mair Parry, and Brinley F. Roberts, with special thanks to T. Arwyn Watkins, Gwilym Dyfri Jones, and to Dafydd Glyn Jones. Nonnative informants provided valuable aid: Leigh Verrill Rhys, Patrick K. Ford, Annalee Rejhon, and Kathryn Klar. Many others made valuable suggestions, which were also much appreciated. The author claims full responsibility for final choices and is grateful to the Research Relations Committee of the University of Hawaii at Mānoa for its generous support in making possible the publication of this book of verbs.

Kathryn Klingebiel
University of Hawaii at Mānoa

*The community of Welsh scholars and Welsh speakers is immeasurably poorer for the loss of Bedwyr Lewis Jones. His help was generous and invaluable to this project, as it was to all those who had the privilege of working with him.

arch. 'archaic'
gram. 'grammar'
obs. 'obsolete'
theol. 'theology'

MAJOR SOURCES

Geiriadur Prifysgol Cymru. 1950-1990. Eds. R. J. Thomas; Gareth E. Bevan; Gwilym Ll. Edwards, et al. Fasc. 1–41 (*a - obo*¹). Caerdydd: Gwasg Prifysgol Cymru.

Jones, Morgan D. 1965. *Cywiriadur Cymraeg.* Llandysul: Gwasg Gomer. (*A Guide to Correct Welsh*, 1976.)

Morris-Jones, John. 1913. *A Welsh Grammar.* Oxford: At the Clarendon Press.

Orgraff yr Iaith Gymraeg. 1942 (2d printing). Caerdydd: Gwasg Prifysgol Cymru.

Williams, Stephen J. 1980. *A Welsh Grammar.* Caerdydd: Gwasg Prifysgol Cymru. (*Elfennau Gramadeg Cymraeg*, 1959).

PRESENT-DAY LITERARY WELSH

Cyflwyno'r Iaith Lenyddol. 1978. National Language Unit. Y Bontfaen: D. Brown a'i Feibion.

Davies, W. Beynon. 1981. *Grym Gramadeg.* Llandysul: Gwasg Gomer.

Evans, H. Meurig & W. O. Thomas. 1980 (9th edition). *Y Geiriadur Mawr.* Abertawe: Christopher Davies & Llandysul: Gwasg Gomer.

Evans, H. Meurig. 1981. *Sylfeini'r Gymraeg.* Llandysul: Gwasg Gomer.

Evans, J. J. 1946; 1960 (2d edition). *Gramadeg Cymraeg.* Aberystwyth: Gwasg Aberystwyth.

Evans, J. J. 1982 (4th printing). *Diarhebion Cymraeg. Welsh Proverbs.* Llandysul: Gwasg Gomer.

Hughes, J. Elwyn. 1984. *Canllawiau Iaith a Chymorth Sillafu*. Bethesda: Gwasg Ffrancon.

Jones, Morgan D. 1972. *Termau Iaith a Llên*. Llandysul: Gwasg Gomer.

Jones, R. M. 1977-1978. The Welsh Subjunctive. *Studia Celtica* 12-13:321-348.

Stephens, Roy. 1978. *Yr Odliadur*. Llandysul: Gwasg Gomer.

Thomas, Gwyn. 1977; 1978 (2d printing). *Ymarfer Ysgrifennu*. Abertawe: Christopher Davies.

Watkins, T. Arwyn. 1961. *Ieithyddiaeth*. Caerdydd: Gwasg Prifysgol Cymru.

OTHER

Anwyl, Edward. 1907. *A Welsh Grammar for Schools*. Part I: *Accidence*; Part 2: *Syntax*. London: Swan Sonnenschein & Co. & New York: Macmillan.

Anwyl, Edward & M. H. Jones. 1909. *First Welsh Reader and Writer. Being Exercises in Welsh based on Anwyl's Welsh Grammar*. London: Swan Sonnenschein & Co. & New York: Macmillan.

Atkinson, Robert. 1894. *On the Use of the Subjunctive in Welsh*. (read before the Royal Irish Academy, 1894). Dublin: University Press.

Cymraeg Byw. Rhif 2. [n.d.] Llandybie: Llyfrau'r Dryw, Christopher Davies.

Cymraeg Heddiw. 1965; 1968. *Y Llyfr Cyntaf*; *Y Trydydd Llyfr*. Caerdydd: Gwasg Prifysgol Cymru.

Dysgu Cymraeg. Y Pumed Llyfr. 1958. Caerdydd: Gwasg Prifysgol Cymru.

Edwards, O. M. 1897. *Diarhebion Cymru.*

Emrys ap Iwan. 1881. *Camrau mewn Grammadeg Gymreig.* Dinbych: Thomas Gee.

Evans, D. Tecwyn. 1922 (3d printing). *Yr Iaith Gymraeg. Ei Horgraff a'i Chystrawen.* Liverpool: Hugh Evans.

Evans, H. Meurig. 1966. *Sgyrsiau Cymraeg Byw.* Llandybie: Llyfrau'r Dryw, Christopher Davies.

Evans, H. Meurig & W. O. Thomas. *Y Geiriadur Newydd. The New Welsh Dictionary.* Llandybie: Llyfrau'r Dryw, Christopher Davies.

Evans, Samuel J. 1901 (2d edition). *The Elements of Welsh Grammar.* Newport & London: John Southall.

Evans, Samuel J. [n.d.] *Studies in Welsh Grammar and Philology.* Cardiff: The Educational Publishing Co., Ltd.

Gramadeg Cymraeg Cyfoes. 1976. Y Bontfaen: D. Brown a'i Feibion.

Harry, Joseph. 1925. *Orgraff y Gymraeg. Llawlyfr i blant ysgol.* Wrecsam: Hughes a'i Fab.

Jenkins, Myrddin. 1959; 1962 (2d edition). *A Welsh Tutor.* Cardiff: Univ. of Wales Press.

Jones, Morgan D. 1968. *A Welsh Vocabulary and Spelling Aid.* Llandysul: J. D. Lewis and Sons, Ltd. & Gomerian Press.

Lloyd-Jones, J. 1931-1946, 1950-1963. *Geirfa Barddoniaeth Gynnar Gymraeg.* 1-2 (A-Heilic). Caerdydd: Gwasg Prifysgol Cymru.

Morris-Jones, John. 1975. *Learn Welsh for English Speakers*. New York: Saphrograph corp.

Nettlau, Max. 1888. *Observations on the Welsh Verb*.

Prys, R. I. & A. Thomas Stephens. 1859. *Orgraph yr Iaith Gymraeg*. Dinbych: Thomas Gee.

Pedr Hir. 1911. *A Key and Guide to the Welsh Language*. Liverpool: Hugh Evans.

Pughe, William Owen. 1808. *Cadwedigaeth yr Iaith Gymraeg mewn dull cryno, hylith a hygof*. Bala: R. Saunderson.

Pughe, William Owen. 1832; 1866. *A National Dictionary of the Welsh Language*. 2 vols. Denbigh: Thomas Gee.

Richards, Melville. *Cystrawen y Frawddeg Gymraeg*. Caerdydd: Gwasg Prifysgol Cymru.

Richards, Thomas. 1839. *A Welsh and English Dictionary*. Merthyr-Tydfil: Thomas Price.

Rogers, R. S. 1921. *Llyfr Gloywi Cymraeg*. Wrecsam: Hughes.

Rowland, Thomas. 1876 (4th edition). *A Grammar of the Welsh Language*. Wrexham: Hughes.

Rowland, Williams. [1934?] *Ymarferion Cymraeg*. Wrecsam & Caerdydd: Hughes a'i Fab.

Rowlands, David. 1877. *Gramadeg Cymraeg*. Wrexham: Hughes & Son.

Spurrell, William. 1870 (3d edition). *A Grammar of the Welsh Language*. Carmarthen: William Spurrell.

Welsh Orthography. The Report of the Orthographical Committee of the Society for Utilizing the Welsh Language. 1893. Caernarvon: Welsh National Press Co., Ltd.

Wiliam, Urien. 1960. *A Short Welsh Grammar.* Llandybie: Christopher Davies.

Wiliam, Urien. 1967. *Argymhellion: Gramadeg Cymraeg Modern.* Llandysul: Gwasg Gomer.

Williams, J. & E. Roberts. 1862. *Grammadeg i'r Iaith Gymraeg.* Llangollen: William Williams.

Williams, Jac. 1973. *Geiriadur Termau.* Caerdydd: Gwasg Prifysgol Cymru.

Williams, Richard. 1928. *Llawlyfr Gramadeg Cymraeg, gyda gwersi.* Wrecsam: Hughes a'i Fab.

PRESENT / FUTURE

actiaf	actiwn
acti	actiwch
actia	actiant

Impersonal: **actir**

IMPERFECT / CONDITIONAL

actiwn	actiem
actit	actiech
actiai	actient

Impersonal: **actid**

PAST

actiais	actiasom
actiaist	actiasoch
actiodd	actiasant

Impersonal: **actiwyd**

PLUPERFECT

actiaswn	actiasem
actiasit	actiasech
actiasai	actiasent

Impersonal: **actiasid, actiesid**

SUBJUNCTIVE PRESENT

actiwyf	actiom
actiech	actioch
actio	actiont

Impersonal: **actier**

IMPERATIVE

- -	actiwn
actia	actiwch
actied	actient

Impersonal: **actier**

VERBAL ADJECTIVES

actiedig 'ordained, decreed, acted, enacted'
actadwy 'actable'

adfer, edfryd
'return, restore'

PRESENT/FUTURE

adferaf	adferwn
adferi	adferwch
(obs.) edfyr,	adferant
edfryd, adfera	

Impersonal: **adferir**

IMPERFECT/CONDITIONAL

adferwn	adferem
adferit	adferech
adferai	adferent

Impersonal: **adferid**

PAST

adferais	adferasom
adferaist	adferasoch
adferodd	adferasant

Impersonal: **adferwyd**

PLUPERFECT

adferaswn	adferasem
adferasit	adferasech
adferasai	adferasent

Impersonal: **adferasid, adferesid**

SUBJUNCTIVE PRESENT

adferwyf	adferom
adferych	adferoch
adfero	adferont

Impersonal: **adferer**

IMPERATIVE

- -	adferwn
adfer, adfera	adferwch
adfered	adferent

Impersonal: **adferer**

VERBAL ADJECTIVES

adferedig 'restored'
adferadwy 'restorable, recoverable'

2

Stem: **adwaen-; adnabu-;**
adnabydd-; adnap-

PRESENT

adwaen, adwen   adwaenom, adwaenwn
adweini, adwaenost   adwaenoch, adwaenwch
adwaen, adwen, edwyn   adwaenant
Impersonal: adwaenir, adweinir

FUTURE/PRESENT HABITUAL

adweinaf, adnabyddaf   adwaenwn, adnabyddwn
adweini, adnabyddi   adwaenwch, adnabyddwch
adwaen, adnebydd   adwaenant, adnbyddant
Impersonal: adnabyddir

IMPERFECT/CONDITIONAL

adwaenwn   adwaenem
adwaenit   adwaenech
adwaenai   adwaenent, adwaenynt
Impersonal: adwaenid, adweinid

PAST

adnabûm, adnabyddais   adnabuom, adnabyddom
adnabuost, adnabyddaist   adnabuoch, adnabyddoch
adnabu, adnabyddodd   adnabuont, adnabuant,
                              adnabyddont
Impersonal: adnabuwyd

PLUPERFECT

adnabuaswn, adwaenaswn   adnabuasem, adwaenasem
adnabuasit, adwaenasit   adnabuasech, adwaenasech
adnabuasai, adwaenasai   adnabuasent, adwaenasent
Impersonal: adnabuasid, adnabuesid

SUBJUNCTIVE PRESENT

adnapwyf, adnabyddwyf   adnapom, adnabyddom
adnepych, adnabyddych   adnapoch, adnabyddoch
adnapo, adnabyddo   adnapont, adnabyddont
Impersonal: adnabydder, adnaper

3

adnabod

IMPERFECT SUBJUNCTIVE

adnapwn, adwaenwn,   adnapem, adwaenem,
    adnabyddwn   adnabyddem
adnapit, adwaenit,   adnapech, adwaenech,
    adnabyddit   adnabyddech
adnapai, adwaenai,   adnapent, adwaenent,
    adnabyddai   adnabyddent
Impersonal: adnabyddid, adnapid

IMPERATIVE

- -   adnabyddwn
adnebydd   adnabyddwch
adnabydded   adnabyddent
Impersonal: adnabydder, adnaper, adwaener

VERBAL ADJECTIVES

adnabodedig 'known, acknowledged'
adnabyddedig 'known, acknowledged, recognizable,
    accustomed to'
adwaenedig 'known, acknowledged'
adnabodadwy 'cognizable'
adnabyddadwy 'cognizable'

PRESENT / FUTURE

adolygaf	adolygwn
adolygi	adolygwch
adolyga	adolygant

Impersonal: **adolygir**

IMPERFECT / CONDITIONAL

adolygwn	adolygem
adolygit	adolygech
adolygai	adolygent

Impersonal: **adolygid**

PAST

adolygais	adolygasom
adolygaist	adolygasoch
adolygodd	adolygasant

Impersonal: **adolygwyd**

PLUPERFECT

adolygaswn	adolygasem
adolygasit	adolygasech
adolygasai	adolygasent

Impersonal: **adolygasid, adolygesid**

SUBJUNCTIVE PRESENT

adolygwyf	adolygom
adolygych	adolygoch
adolygo	adolygont

Impersonal: **adolyger**

IMPERATIVE

- -	adolygwn
adolyga	adolygwch
adolyged	adolygent

Impersonal: **adolyger**

VERBAL ADJECTIVES

adolygedig 'reviewed'
adolygadwy 'reviewable'

adrodd, adroddi
'relate, recite'

PRESENT/FUTURE
adroddaf	adroddwn
adroddi	adroddwch
edrydd, adrodda	adroddant

Impersonal: **adroddir**

IMPERFECT/CONDITIONAL
adroddwn	adroddem
adroddit	adroddech
adroddai	adroddent

Impersonal: **adroddid**

PAST
adroddais	adroddasom
adroddaist	adroddasoch
adroddodd	adroddasont

Impersonal: **adroddwyd**

PLUPERFECT
adroddaswn	adroddasem
adroddasit	adroddasech
adroddasai	adroddasent

Impersonal: **adroddesid**

SUBJUNCTIVE PRESENT
adroddwyf	adroddom
adroddych	adroddoch
adroddo	adroddont

Impersonal: **adrodder**

IMPERATIVE
- -	adroddwn
adrodd, adrodda	adroddwch
adrodded	adroddent

Impersonal: **adrodder**

VERBAL ADJECTIVES
adroddedig 'related, declarable, declared'
adroddadwy 'recitable'

PRESENT/FUTURE

addawaf	addawn
addewi	addewch
(obs.) eddy,	addawant
addawa	

Impersonal: **addewir**

IMPERFECT/CONDITIONAL

addawn	addawem
addawit	addawech
addawai	addawent

Impersonal: **addewid**

PAST

addewais	addawsom
addewaist	addawsoch
addawodd	addawsant

Impersonal: **addawyd**

PLUPERFECT

addawswn	addawsem
addawsit	addawsech
addawsai	addawsent

Impersonal: **addawsid, addewsid**

SUBJUNCTIVE PRESENT

addawyf	addawom
addewech	addawoch
addawo	addawont

Impersonal: **addawer**

IMPERATIVE

- -	addawn
addaw	addewch
addawed	addawent

Impersonal: **addawer**

VERBAL ADJECTIVES

addawedig, addewedig 'promised'
addawadwy 'promising'

PRESENT/FUTURE

agoraf	agorwn
agori	agorwch
egyr, agora	agorant

Impersonal: **agorir**

IMPERFECT/CONDITIONAL

agorwn	agorem
agorit	agorech
agorai	agorent

Impersonal: **agorid**

PAST

agorais	agorasom
agoraist	agorasoch
agorodd	agorasant

Impersonal: **agorwyd**

PLUPERFECT

agoraswn	agorasem
agorasit	agorasech
agorasai	agorasent

Impersonal: **agorasid, agoresid**

SUBJUNCTIVE PRESENT

agorwyf	agorom
agorych	agoroch
agoro	agoront

Impersonal: **agorer**

IMPERATIVE

- -	agorwn
agor, agora	agorwch
agored	agorent

Impersonal: **agorer**

VERBAL ADJECTIVES

agoredig 'open, opened'
agoradwy 'openable'
ar agor 'open'

PRESENT/FUTURE

anghofiaf	anghofiwn
anghofi	anghofiwch
anghofia	anghofiant

Impersonal: **anghofir**

IMPERFECT/CONDITIONAL

anghofiwn	anghofiem
anghofit	anghofiech
anghofiai	anghofient

Impersonal: **anghofid**

PAST

anghofiais	anghofiasom
anghofiaist	anghofiasoch
anghofiodd	anghofiasant

Impersonal: **anghofiwyd**

PLUPERFECT

anghofiaswn	anghofiasem
anghofiasit	anghofiasech
anghofiasai	anghofiasent

Impersonal: **anghofiesid**

SUBJUNCTIVE PRESENT

anghofiwyf	anghofiom
anghofiech	anghofioch
anghofio	anghofiont

Impersonal: **anghofier**

IMPERATIVE

- -	anghofiwn
anghofia	anghofiwch
anghofied	anghofient

Impersonal: **anghofier**

VERBAL ADJECTIVES

anghofiedig 'forgotten'
anghofiadwy 'forgettable'

amau
'dispute, doubt'

PRESENT / FUTURE

amheuaf	amheuwn
amheui	amheuwch
amheua	amheuant

Impersonal: **amheuir**

IMPERFECT / CONDITIONAL

amheuwn	amheuem
amheuit	amheuech
amheuai	amheuent

Impersonal: **amheuid**

PAST

amheuais	ameuasom
amheuaist	ameuasoch
amheuodd	ameuasant

Impersonal: **amheuwyd**

PLUPERFECT

ameuaswn	ameuasem
ameuasit	ameuasech
ameuasai	ameuasent

Impersonal: **ameuasid, ameuesid**

SUBJUNCTIVE PRESENT

amheuwyf	amheuom
amheuych,	amheuoch
amheuech	amheuont
amheuo	

Impersonal: **amheuer**

IMPERATIVE

- -	amheuwn
amheua	amheuwch
amheued	amheuent

Impersonal: **amheuer**

10

VERBAL ADJECTIVES
ameuedig, amheuedig 'disputed, doubted, suspected'
ameuadwy 'dubious'

amddiffyn
'defend, protect'

Stem: **amddiffynn-**

PRESENT/FUTURE

amddiffynnaf	amddiffynnwn
amddiffynni	amddiffynnwch
amddiffyn,	amddiffynnant
amdiffynna	

Impersonal: **amddiffynnir**

IMPERFECT/CONDITIONAL

amddiffynnwn	amddiffynnem
amddiffynnit	amddiffynnech
amddiffynnai	amddiffynnent

Impersonal: **amddiffynnid**

PAST

amddiffynnais	amddiffynasom
amddiffynnaist	amddiffynasoch
amddiffynnodd	amddiffynasant

Impersonal: **amddiffynnwyd**

PLUPERFECT

amddiffynaswn	amddiffynasem
amddiffynasit	amddiffynasech
amddiffynasai	amddiffynasent

Impersonal: **amddiffynasid, amddiffynesid**

SUBJUNCTIVE PRESENT

amddiffynnwyf	amddiffynnom
amddiffynnych	amddiffynnoch
amddiffynno	amddiffynnont

Impersonal: **amddiffynner**

IMPERATIVE

- -	amddiffynnwn
amddiffynna	amddiffynnwch
amddiffynned	amddiffynnent

Impersonal: **amddiffynner**

VERBAL ADJECTIVES

amddiffynedig 'defended, protected, fortified'
amddiffynadwy 'defensible'

PRESENT/FUTURE

anfonaf	anfonwn
anfoni	anfonwch
enfyn, anfona	anfonant

Impersonal: **anfonir**

IMPERFECT/CONDITIONAL

anfonwn	anfonem
anfonit	anfonech
anfonai	anfonent

Impersonal: **anfonid**

PAST

anfonais	anfonasom
anfonaist	anfonasoch
anfonodd	anfonasant

Impersonal: **anfonwyd**

PLUPERFECT

anfonaswn	anfonasem
anfonasit	anfonasech
anfonasai	anfonasent

Impersonal: **anfonasid, anfonesid**

SUBJUNCTIVE PRESENT

anfonwyf	anfonom
anfonych	anfonoch
anfono	anfonont

Impersonal: **anfoner**

IMPERATIVE

- -	anfonwn
anfon, anfona	anfonwch
anfoned	anfonent

Impersonal: **anfoner**

VERBAL ADJECTIVES

anfonedig 'sent'
anfonadwy 'that can be sent'

13

annerch
'greet, address'

PRESENT/FUTURE

anerchaf	anerchwn
anerchi	anerchwch
annerch,	anerchant
anercha	

Impersonal: **anerchir**

IMPERFECT/CONDITIONAL

anerchwn	anerchem
anerchit	anerchech
anerchai	anerchent

Impersonal: **anerchid**

PAST

anerchais	anerchasom
anerchaist	anerchasoch
anerchodd	anerchasant

Impersonal: **anerchwyd**

PLUPERFECT

anerchaswn	anerchasem
anerchasit	anerchasech
anerchasai	anerchasent

Impersonal: **anerchasid, anerchesid**

SUBJUNCTIVE PRESENT

anerchwyf	anerchom
anerchych	anerchoch
anercho	anerchont

Impersonal: **anercher**

IMPERATIVE

- -	anerchwn
anercha	anerchwch
anerched	anerchent

Impersonal: **anercher**

VERBAL ADJECTIVES

anerchedig 'greeted, addressed (to)'

PRESENT / FUTURE

anogaf	anogwn
anogi	anogwch
(obs.) ennyg,	anogant
annog	

Impersonal: **anogir**

IMPERFECT / CONDITIONAL

anogwn	anogem
anogit	anogech
anogai	anogent

Impersonal: **anogid**

PAST

anogais	anogasom
anogaist	anogasoch
anogodd	anogasant

Impersonal: **anogwyd**

PLUPERFECT

anogaswn	anogasem
anogasit	anogasech
anogasai	anogasent

Impersonal: **anogasid, anogesid**

SUBJUNCTIVE PRESENT

anogwyf	anogom
anogych	anogoch
anogo	anogont

Impersonal: **anoger**

IMPERATIVE

- -	anogwn
annog	anogwch
anoged	anogent

Impersonal: **anoger**

VERBAL ADJECTIVES

anogedig 'incited, urged'
anogadwy 'incitable, that can be urged'

arbed
'spare, save'

PRESENT/FUTURE

arbedaf	arbedwn
arbedi	arbedwch
(obs.) erbyd,	arbedant
arbed	

Impersonal: **arbedir**

IMPERFECT/CONDITIONAL

arbedwn	arbedem
arbedit	arbedech
arbedai	arbedent

Impersonal: **arbedid**

PAST

arbedais	arbedasom
arbedaist	arbedasoch
arbedodd	arbedasant

Impersonal: **arbedwyd**

PLUPERFECT

arbedaswn	arbedasem
arbedasit	arbedasech
arbedasai	arbedasent

Impersonal: **arbedasid, arbedesid**

SUBJUNCTIVE PRESENT

arbedwyf	arbedom
arbedych	arbedoch
arbedo	arbedont

Impersonal: **arbeder**

IMPERATIVE

- -	arbedwn
arbed	arbedwch
arbeded	arbedent

Impersonal: **arbeder**

VERBAL ADJECTIVES

arbededig 'spared, saved'
arbedadwy 'that can be saved'

16

Stem: **ardd-**

aredig
'plow'

PRESENT / FUTURE
arddaf	arddwn
erddi	erddwch
ardd	arddant

Impersonal: **erddir**

IMPERFECT / CONDITIONAL
arddwn	arddem
arddit	arddech
arddai	arddent

Impersonal: **erddid**

PAST
erddais	arddasom
erddaist	arddasoch
arddodd	arddasant

Impersonal: **arddwyd**

PLUPERFECT
arddaswn	arddasem
arddasit	arddasech
arddasai	arddasent

Impersonal: **arddasid, arddesid**

SUBJUNCTIVE PRESENT
arddwyf	arddom
erddych	arddoch
arddo	arddont

Impersonal: **ardder**

IMPERATIVE
- -	arddwn
ardd	erddwch
ardded	arddent

Impersonal: **ardder**

VERBAL ADJECTIVES
arddedig 'plowed, tilled'
arddadwy 'arable, tillable'

17

arllwys
'pour'

PRESENT/FUTURE

arllwysaf	arllwyswn
arllwysi	arllwyswch
arllwys,	arllwysant
arllwysa	

Impersonal: **arllwysir**

IMPERFECT/CONDITIONAL

arllwyswn	arllwysem
arllwysit	arllwysech
arllwysai	arllwysent

Impersonal: **arllwysid**

PAST

arllwysais	arllwysasom
arllwysaist	arllwysasoch
arllwysodd	arllwysasant

Impersonal: **arllwyswyd**

PLUPERFECT

arllwysaswn	arllwysasem
arllwysasit	arllwysasech
arllwysasai	arllwysasent

Impersonal: **arllwysasid, arllwysesid**

SUBJUNCTIVE PRESENT

arllwyswyf	arllwysom
arllwysych	arllwysoch
arllwyso	arllwysont

Impersonal: **arllwyser**

IMPERATIVE

- -	arllwyswn
arllwysa	arllwyswch
arllwysed	arllwysent

Impersonal: **arllwyser**

VERBAL ADJECTIVES

arllwysedig 'poured out'
arllwysadwy 'pourable'

PRESENT/FUTURE

arhosaf	**arhoswn**
arhosi	**arhoswch**
erys	**arhosant**

Impersonal: **arhosir**

IMPERFECT/CONDITIONAL

arhoswn	**arhosem**
arhosit	**arhosech**
arhosai	**arhosent**

Impersonal: **arhosid**

PAST

arhosais	**arosasom**
arhosaist	**arosasoch**
arhosodd	**arosasant**

Impersonal: **arhoswyd**

PLUPERFECT

arosaswn	**arosasem**
arosasit	**arosasech**
arosasai	**arosasent**

Impersonal: **arosasid, arosesid**

SUBJUNCTIVE PRESENT

arhoswyf	**arhosom**
arhosych	**arhosoch**
arhoso	**arhosont**

Impersonal: **arhoser**

IMPERATIVE

- -	**arhoswn**
aros, arhosa	**arhoswch**
arhosed	**arhosent**

Impersonal: **arhoser**

VERBAL ADJECTIVES
arosadwy 'able to stop'

arwain
'lead'

PRESENT/FUTURE

arweiniaf	arweiniwn
arweini	arweiniwch
arwain	arweiniant

Impersonal: **arweinir**

IMPERFECT/CONDITIONAL

arweiniwn	arweiniem
arweinit	arweiniech
arweiniai	arweinient

Impersonal: **arweinid**

PAST

arweiniais	arweiniasom
arweiniaist	arweiniasoch
arweiniodd	arweiniasant

Impersonal: **arweiniwyd**

PLUPERFECT

arweiniaswn	arweiniasem
arweiniasit	arweiniasech
arweiniasai	arweiniasent

Impersonal: **arweiniasid, arweiniesid**

SUBJUNCTIVE PRESENT

arweiniwyf	arweiniom
arweiniech	arweinioch
arweinio	arweiniont

Impersonal: **arweinier**

IMPERATIVE

- -	arweiniwn
arwain	arweiniwch
arweinied	arweinient

Impersonal: **arweinier**

VERBAL ADJECTIVES

arweiniedig 'led, conducted'
arweiniadwy 'that can be conducted'

PRESENT / FUTURE

ataliaf	ataliwn
ateli	ateliwch
(obs.) eteil,	ataliant
etyl	

Impersonal: **atelir**

IMPERFECT / CONDITIONAL

ataliwn	ataliem
atalit	ataliech
ataliai	atalient

Impersonal: **atelid**

PAST

ateliais	ataliasom
ateliaist	ataliasoch
ataliodd	ataliasant

Impersonal: **ataliwyd**

PLUPERFECT

ataliaswn	ataliasem
ataliasit	ataliasech
ataliasai	ataliasent

Impersonal: **ataliesid**

SUBJUNCTIVE PRESENT

ataliwyf	ataliom
ateliech	atalioch
atalio	ataliont

Impersonal: **atalier**

IMPERATIVE

- -	ataliwn
atal	ataliwch
atalied	atalient

Impersonal: **atalier**

VERBAL ADJECTIVES

ataliedig 'checked, restrained'
ataliadwy 'restrainable, restraining'

PRESENT/FUTURE

atebaf	atebwn
atebi	atebwch
etyb, ateb	atebant

Impersonal: **atebir**

IMPERFECT/CONDITIONAL

atebwn	atebem
atebit	atebech
atebai	atebent

Impersonal: **atebid**

PAST

atebais	atebasom
atebaist	atebasoch
atebodd	atebasant

Impersonal: **atebwyd**

PLUPERFECT

atebaswn	atebasem
atebasit	atebasech
atebasai	atebasent

Impersonal: **atebasid, atebesid**

SUBJUNCTIVE PRESENT

atebwyf	atebom
atebych	ateboch
atebo	atebont

Impersonal: **ateber**

IMPERATIVE

- -	atebwn
ateb, ateba	atebwch
atebed	atebent

Impersonal: **ateber**

VERBAL ADJECTIVES

atebedig 'answered'
atebadwy 'answerable'

PRESENT / FUTURE

barnaf	barnwn
berni	bernwch,
(obs.) **beirn,**	**barnwch**
barna	barnant

Impersonal: **bernir**

IMPERFECT / CONDITIONAL

barnwn	barnem
barnit	barnech
barnai	barnent

Impersonal: **bernid**

PAST

bernais	barnasom
bernaist	barnasoch
barnodd	barnasant

Impersonal: **barnwyd**

PLUPERFECT

barnaswn	barnasem
barnasit	barnasech
barnasai	barnasent

Impersonal: **barnasid, barnesid**

SUBJUNCTIVE PRESENT

barnwyf	barnom
bernych	barnoch
barno	barnont

Impersonal: **barner**

IMPERATIVE

- -	barnwn
barna	barnwch
barned	barnent

Impersonal: **barner**

VERBAL ADJECTIVES
barnedig 'judged'
barnadwy 'worthy of consideration'

beiddio

'dare, defy'

PRESENT/FUTURE

beiddiaf	beiddiwn
beiddi	beiddiwch
baidd,	beiddiant
beiddia	

Impersonal: **beiddir**

IMPERFECT/CONDITIONAL

beiddiwn	beiddiem
beiddit	beiddiech
beiddiai	beiddient

Impersonal: **beiddid**

PAST

beiddiais	beiddiasom
beiddiaist	beiddiasoch
beiddiodd	beiddiasant

Impersonal: **beiddiwyd**

PLUPERFECT

beiddiaswn	beiddiasem
beiddiasit	beiddiasech
beiddiasai	beiddiasent

Impersonal: **beiddiasid, beiddiesid**

SUBJUNCTIVE PRESENT

beiddiwyf	beiddiom
beiddiech	beiddioch
beiddio	beiddiont

Impersonal: **beiddier**

IMPERATIVE

- -	beiddiwn
beiddia	beiddiwch
beiddied	beiddient

Impersonal: **beiddier**

VERBAL ADJECTIVES

beiddiedig 'that is defied or adventured'
beiddiadwy 'that can be defied'

Stem: **bydd-; oedd-; bu-**

PRESENT

wyf, ydwyf	**ŷm, ydym**
wyt, ydwyt	**ŷch, ydych**
yw, ydyw, oes, (y)	**ŷnt, ydynt, maent**
mae; (relatival)	
sydd, sy; (con-	
junctive) **mai, taw**	
Impersonal: **ys, ydys**	

FUTURE / PRESENT HABITUAL

byddaf	**byddwn**
byddi	**byddwch**
bydd	**byddant**
Impersonal: **byddir, byddys**	

IMPERFECT / CONDITIONAL

oeddwn	**oeddem**
oeddit	**oeddech**
oedd, ydoedd	**oeddynt, oeddent**
Impersonal: **oeddid**	

IMPERFECT HABITUAL

byddwn	**byddem**
byddit	**byddech**
byddai	**byddent**
Impersonal: **byddid**	

PAST

bûm	**buom**
buost	**buoch**
bu	**buont, buant**
Impersonal: **buwyd**	

PLUPERFECT

buaswn	**buasem**
buasit	**buasech**
buasai	**buasent**
Impersonal: **buasid, buesid**	

25

bod

SUBJUNCTIVE PRESENT

bwyf, byddwyf	bôm, byddom
bych, byddych,	bôch, byddoch
byddech	bônt, byddont
bo, byddo	

Impersonal: **bydder**

SUBJUNCTIVE IMPERFECT

bawn, byddwn,	baem, byddem
petawn (= pe	baech, byddech
bawn 'if I were')	baent, byddent
bait, baet, byddit,	
byddet, petaet	
(= pe baet 'if	
you were')	
bai, bae, byddai,	
petai (= pe bai	
'if s/he or it	
were')	

Impersonal: **byddid**

IMPERATIVE

- -	byddwn
bydd, bydda	byddwch
bydded, boed, bid	byddent

Impersonal: **bydder**

VERBAL ADJECTIVES

(arch.) **bodedig** 'existing'
(gram.) **bodadwy** 'future (of verb tense)'

PRESENT/FUTURE

boddaf	boddwn
boddi	boddwch
bawdd,	boddant
bodda	

Impersonal: **boddir**

IMPERFECT/CONDITIONAL

boddwn	boddem
boddit	boddech
boddai	boddent

Impersonal: **boddid**

PAST

boddais	boddasom
boddaist	boddasoch
boddodd	boddasant

Impersonal: **boddwyd**

PLUPERFECT

boddaswn	boddasem
boddasit	boddasech
boddasai	boddasent

Impersonal: **boddasid, boddesid**

SUBJUNCTIVE PRESENT

boddwyf	boddom
boddych	boddoch
boddo	boddont

Impersonal: **bodder**

IMPERATIVE

- -	boddwn
bodda	boddwch
bodded	boddent

Impersonal: **bodder**

VERBAL ADJECTIVES

boddedig 'drowned'
boddadwy 'drownable'

bwrw
'throw, cast, strike'

PRESENT/FUTURE

bwriaf	**bwriwn**
bwri	**bwriwch**
bwria	**bwriant**

Impersonal: **bwrir**

IMPERFECT/CONDITIONAL

bwriwn	**bwriem**
bwrit	**bwriech**
bwriai	**bwrient**

Impersonal: **bwrid**

PAST

bwriais	**bwriasom**
bwriaist	**bwriasoch**
bwriodd	**bwriasant**

Impersonal: **bwriwyd**

PLUPERFECT

bwriaswn	**bwriasem**
bwriasit	**bwriasech**
bwriasai	**bwriasent**

Impersonal: **bwriasid, bwriesid**

SUBJUNCTIVE PRESENT

bwriwyf	**bwriom**
bwriech	**bwrioch**
bwrio	**bwriont**

Impersonal: **bwrier**

IMPERATIVE

- -	**bwriwn**
bwria, bwra	**bwriwch**
bwried	**bwrient**

Impersonal: **bwrier**

VERBAL ADJECTIVES
bwriedig 'overthrown; intended'

28

PRESENT / FUTURE

bwytâf	**bwytawn**
bwytei	**bwytewch**
bwyty	**bwytânt**

Impersonal: **bwyteir**

IMPERFECT / CONDITIONAL

bwytawn	**bwytaem**
bwytait	**bwytaech**
bwytâi	**bwytaent**

Impersonal: **bwyteid**

PAST

bwyteais	**bwytasom**
bwyteaist	**bwytasoch**
bwytaodd	**bwytasant**

Impersonal: **bwytawyd**

PLUPERFECT

bwytaswn	**bwytasem**
bwytasit	**bwytasech**
bwytasai	**bwytasent**

Impersonal: **bwytasid, bwytesid**

SUBJUNCTIVE PRESENT

bwytawyf	**bwytaom**
bwyteych	**bwytaoch**
bwytao	**bwytaont**

Impersonal: **bwytaer**

IMPERATIVE

- -	**bwytawn**
bwytâ	**bwytewch**
bwytaed	**bwytaent**

Impersonal: **bwytaer**

VERBAL ADJECTIVES

bwytaedig, bwytaëdig 'eatable, edible'
bwytadwy 'eatable, edible'

PRESENT / FUTURE

bygythiaf	bygythiwn
bygythi	bygythiwch
bygwth,	bygythiant
bygythia	

Impersonal: **bygythir**

IMPERFECT / CONDITIONAL

bygythiwn	bygythiem
bygythit	bygythiech
bygythiai	bygythient

Impersonal: **bygythid**

PAST

bygythiais	bygythiasom
bygythiaist	bygythiasoch
bygythiodd	bygythiasant

Impersonal: **bygythiwyd**

PLUPERFECT

bygythiaswn	bygythiasem
bygythiasit	bygythiasech
bygythiasai	bygythiasent

Impersonal: **bygythiasid, bygythiesid**

SUBJUNCTIVE PRESENT

bygythiwyf	bygythiom
bygythiech	bygythioch
bygythio	bygythiont

Impersonal: **bygythier**

IMPERATIVE

- -	bygythiwn
bygythia	bygythiwch
bygythied	bygythient

Impersonal: **bygythier**

VERBAL ADJECTIVES

bygythiedig 'threatened'

PRESENT / FUTURE

cadwaf	cadwn
cedwi	cedwch
ceidw	cadwant

Impersonal: **cedwir**

IMPERFECT / CONDITIONAL

cadwn	cadwem
cadwit	cadwech
cadwai	cadwent

Impersonal: **cedwid**

PAST

cedwais	cadwasom
cedwaist	cadwasoch
cadwodd	cadwasant

Impersonal: **cadwyd**

PLUPERFECT

cadwaswn	cadwasem
cadwasit	cadwasech
cadwasai	cadwasent

Impersonal: **cadwasid, cadwesid**

SUBJUNCTIVE PRESENT

cadwyf	cadwom
cedwych	cadwoch
cadwo, cato	cadwont

Impersonal: **cadwer, catwer**

IMPERATIVE

- -	cadwn
cadw,	cedwch
cadwa	cadwent
cadwed	

Impersonal: **cadwer**

VERBAL ADJECTIVES

cadwedig 'safe, saved, preserved'
cadwadwy 'that can be kept, retainable'

cael, caffael, (obs.) caffel
'have, get'

Stem: **ca-; caff-**

PRESENT/FUTURE

caf	cawn
cei	cewch
caiff, ceiff, ceith	cânt

Impersonal: **ceir, ceffir**

IMPERFECT/CONDITIONAL

cawn	caem
cait, caet	caech
câi	caent

Impersonal: **ceid, ceffid**

PAST

cefais, ces	cawsom
cefaist, cest	cawsoch
(obs.) **cafas**, (poetic) **cadd**, **cafodd**	cawsant

Impersonal: **cafwyd, caed, cad, cawd**

PLUPERFECT

cawswn	cawsem
cawsit	cawsech
cawsai	cawsent

Impersonal: **cawsid**

SUBJUNCTIVE PRESENT

caffwyf	caffom
ceffych	caffoch
caffo	caffont

Impersonal: **caffer**

SUBJUNCTIVE IMPERFECT

caffwn, cawn	caffem, caem
ceffit, cait, caet	caffech, caech
caffai, câi	caffent, caent

Impersonal: **ceffid**

32

IMPERATIVE

- -	- -
ca	- -
caffed, caed	**caffent, caent**

Impersonal: **caffer, caer**

VERBAL ADJECTIVES
caffaeledig 'acquired'
caffaeladwy 'obtainable'
ar gael 'to be had'

canfod
'perceive, see'

PRESENT/FUTURE

canfyddaf	canfyddwn
canfyddi	canfyddwch
cenfydd	canfyddant

Impersonal: **canfyddir**

IMPERFECT/CONDITIONAL

canfyddwn	canfyddem
canfyddit	canfyddech
canfyddai	canfyddent

Impersonal: **canfyddid**

PAST

canfûm, canfyddais	canfuom, canfyddom
canfuost, canfyddaist	canfuoch, canfyddoch
canfu, canfyddodd	canfuant, canfyddant

Impersonal: **canfuwyd**

PLUPERFECT

canfuaswn,	canfuasem, canfyddasem
canfyddaswn	canfuasech,
canfuasit, canfyddasit	canfyddasech
canfuasai, canfyddasai	canfuasent, canfyddasent

Impersonal: **canfuasid, canfuesid**

SUBJUNCTIVE PRESENT

canfyddwyf	canfyddom
canfyddych	canfyddoch
canfyddo	canfyddont

Impersonal: **canfydder**

IMPERFECT SUBJUNCTIVE

canfyddwn	canfyddem
canfyddit	canfyddech
canfyddai	canfyddent

Impersonal: **canfyddid**

IMPERATIVE

- -	**canfyddwn**
cenfydd	**canfyddwch**
canfydded	**canfyddent**

Impersonal: **canfydder**

VERBAL ADJECTIVES

canfodedig 'visible, perceptible'
canfyddedig 'visible, perceived, apparent'
canfodadwy 'visible, perceptible, apparent, seen'
canfyddadwy 'visible, perceptible, apparent, seen'

caniatáu
'permit, allow'

PRESENT/FUTURE

caniatâf	caniatawn
caniatei	caniatewch
caniatâ	caniatânt

Impersonal: **caniateir**

IMPERFECT/CONDITIONAL

caniatawn	caniataem
caniateit	caniataech
caniatâi	caniataent

Impersonal: **caniateid**

PAST

caniateais	caniatasom
caniateaist	caniatasoch
caniataodd	caniatasant

Impersonal: **caniatawyd**

PLUPERFECT

caniataswn	caniatasem
caniatasit	caniatasech
caniatasai	caniatasent

Impersonal: **caniatasid, caniatesid**

SUBJUNCTIVE PRESENT

caniatawyf	caniataom
caniataech	caniataoch
caniatao	caniataont

Impersonal: **caniataer**

IMPERATIVE

- -	caniatawn
caniatâ	caniatewch
caniataed	caniataent

Impersonal: **caniataer**

VERBAL ADJECTIVES

caniataedig, caniataëdig 'permitted, allowed'
caniatadwy 'permissible'

PRESENT/FUTURE

canaf	canwn
ceni	cenwch, canwch
cân, cana	canant

Impersonal: **cenir**

IMPERFECT/CONDITIONAL

canwn	canem
canit	canech
canai	canent

Impersonal: **cenid**

PAST

cenais	canasom
cenaist	canasoch
canodd	canasant

Impersonal: **canwyd**

PLUPERFECT

canaswn	canasem
canasit	canasech
canasai	canasent

Impersonal: **canasid, canesid**

SUBJUNCTIVE PRESENT

canwyf	canom
cenych	canoch
cano	canont

Impersonal: **caner**

IMPERATIVE

- -	canwn
cân, cana	cenwch, canwch
caned	canent

Impersonal: **caner**

VERBAL ADJECTIVES

canedig 'sung'
canadwy 'that can be sung, singable'

PRESENT/FUTURE

caraf	carwn
ceri	cerwch, carwch
câr, cara	carant

Impersonal: **cerir**

IMPERFECT/CONDITIONAL

carwn	carem
carit	carech
carai	carent

Impersonal: **cerid**

PAST

cerais	carasom
ceraist	carasoch
carodd	carasant

Impersonal: **carwyd**

PLUPERFECT

caraswn	carasem
carasit	carasech
carasai	carasent

Impersonal: **carasid, caresid**

SUBJUNCTIVE PRESENT

carwyf	carom
cernych	caroch
caro	caront

Impersonal: **carer**

IMPERATIVE

- -	carwn
cara	cerwch, carwch
cared	carent

Impersonal: **carer**

VERBAL ADJECTIVES

caredig 'kind, loving, lovable, friendly, dear'
caradwy 'lovable, amiable, dear, beloved'

PRESENT/FUTURE

casâf	casawn
casei	casewch
casâ	casânt

Impersonal: **caseir**

IMPERFECT/CONDITIONAL

casawn	casaem
casait	casaech
casâi	casaent

Impersonal: **caseid**

PAST

caseais	casasom
caseaist	casasoch
casaodd	casasant

Impersonal: **casawyd**

PLUPERFECT

casaswn	casasem
casasit	casasech
casasai	casasent

Impersonal: **casesid**

SUBJUNCTIVE PRESENT

casawyf	casaom
caseych	casaoch
casao	casaont

Impersonal: **casaer**

IMPERATIVE

- -	casawn
casâ	casewch
casaed	casaent

Impersonal: **casaer**

VERBAL ADJECTIVES

casedig 'hated, hateful'
casadwy 'that can be hated'

PRESENT/FUTURE

caeaf	caewn
caei	caewch
cae, caea	caeant

Impersonal: **caeir**

IMPERFECT/CONDITIONAL

caewn	caeem
caeit	caeech
caeai	caeent

Impersonal: **caeid**

PAST

caeais	caeasom
caeaist	caeasoch
caeodd	caeasant

Impersonal: **caewyd**

PLUPERFECT

caeaswn	caeasem
caeasit	caeasech
caeasai	caeasent

Impersonal: **caeesid**

SUBJUNCTIVE PRESENT

caewyf	caeom
caeych	caeoch
caeo	caeont

Impersonal: **caeer**

IMPERATIVE

- -	caewn
cau, caua, caea	caewch
caeed	caeent

Impersonal: **caeer**

VERBAL ADJECTIVES
caeedig, caeëdig, cauedig 'shut, closed'
cauadwy 'that can be closed'
cau 'hollow; concave, shut, enclosed'

PRESENT/FUTURE

ceisiaf	ceisiwn
ceisi	ceisiwch
cais, ceisia	ceisiant

Impersonal: **ceisir**

IMPERFECT/CONDITIONAL

ceisiwn	ceisiem
ceisit	ceisiech
ceisiai	ceisient

Impersonal: **ceisid**

PAST

ceisiais	ceisiasom
ceisiaist	ceisiasoch
ceisiodd	ceisiasant

Impersonal: **ceisiwyd**

PLUPERFECT

ceisiaswn	ceisiasem
ceisiasit	ceisiasech
ceisiasai	ceisiasent

Impersonal: **ceisiasid, ceisiesid**

SUBJUNCTIVE PRESENT

ceisiwyf	ceisiom
ceisiech	ceisioch
ceisio	ceisiont

Impersonal: **ceisier**

IMPERATIVE

- -	ceisiwn
ceisia	ceisiwch
ceisied	ceisient

Impersonal: **ceisier**

VERBAL ADJECTIVES

ceisiedig 'sought for, desired'
ceisiadwy 'that can be sought'

PRESENT/FUTURE

cerddaf	**cerddwn**
cerddi	**cerddwch**
cerdd,	**cerddant**
cerdda	

Impersonal: **cerddir**

IMPERFECT/CONDITIONAL

cerddwn	**cerddem**
cerddit	**cerddech**
cerddai	**cerddent**

Impersonal: **cerddid**

PAST

cerddais	**cerddasom**
cerddaist	**cerddasoch**
cerddodd	**cerddasant**

Impersonal: **cerddwyd**

PLUPERFECT

cerddaswn	**cerddasem**
cerddasit	**cerddasech**
cerddasai	**cerddasent**

Impersonal: **cerddasid, cerddesid**

SUBJUNCTIVE PRESENT

cerddwyf	**cerddom**
cerddych	**cerddoch**
cerddo	**cerddont**

Impersonal: **cerdder**

IMPERATIVE

- -	**cerddwn**
cerdda	**cerddwch**
cerdded	**cerddent**

Impersonal: **cerdder**

VERBAL ADJECTIVES

cerddedig 'movable, circulating';
(gram.) 'transitive'

PRESENT/FUTURE

ciliaf	**ciliwn**
cili	**ciliwch**
cilia	**ciliant**

Impersonal: **cilir**

IMPERFECT/CONDITIONAL

ciliwn	**ciliem**
cilit	**ciliech**
ciliai	**cilient**

Impersonal: **cilid**

PAST

ciliais	**ciliasom**
ciliaist	**ciliasoch**
ciliodd	**ciliasant**

Impersonal: **ciliwyd**

PLUPERFECT

ciliaswn	**ciliasem**
ciliasit	**ciliasech**
ciliasai	**ciliasent**

Impersonal: **ciliasid**

SUBJUNCTIVE PRESENT

ciliwyf	**ciliom**
ciliech	**cilioch**
cilio	**ciliont**

Impersonal: **cilier**

IMPERATIVE

- -	**ciliwn**
cilia	**ciliwch**
cilied	**cilient**

Impersonal: **cilier**

VERBAL ADJECTIVES
ciliedig 'receding, retreating'

cloi
'lock, close'

PRESENT/FUTURE

cloaf	**clown**
cloi	**clowch**
(obs.) **cly, clo**	**cloant**

Impersonal: **cloir**

IMPERFECT/CONDITIONAL

clown	**cloem**
cloit	**cloech**
cloai	**cloent**

Impersonal: **cloid**

PAST

clois	**cloesom**
cloist	**cloesoch**
clodd, cloes	**cloesant**

Impersonal: **clowyd, cloed**

PLUPERFECT

cloeswn	**cloesem**
cloesit	**cloesech**
cloesai	**cloesent**

Impersonal: **cloesid**

SUBJUNCTIVE PRESENT

clowyf	**clôm**
cloych,	**clôch**
cloech	**clônt**
clo	

Impersonal: **cloer**

IMPERATIVE

- -	**clown**
clo	**clowch**
cloed	**cloent**

Impersonal: **cloer**

VERBAL ADJECTIVES

cloëdig, cloiedig 'locked, closed, confined'
cloadwy 'lockable'

PRESENT/FUTURE

clywaf	**clywn**
clywi	**clywch**
clyw	**clywant**

Impersonal: **clywir**

IMPERFECT/CONDITIONAL

clywn	**clywem**
clywit	**clywech**
clywai	**clywent**

Impersonal: **clywid**

PAST

clywais	**clywsom**
clywaist	**clywsoch**
clywodd	**clywsant**

Impersonal: **clywyd**

PLUPERFECT

clywswn	**clywsem**
clywsit	**clywsech**
clywsai	**clywsent**

Impersonal: **clywsid**

SUBJUNCTIVE PRESENT

clywyf	**clywom**
clywech	**clywoch**
clywo	**clywont**

Impersonal: **clywer**

IMPERATIVE

- -	**clywn**
clyw	**clywch**
clywed	**clywent**

Impersonal: **clywer**

VERBAL ADJECTIVES

clywedig 'able to hear, audible, heard'
clywadwy 'audible'

45

cnoi
'bite, chew, gnaw; ache'   Stem: **cno-; cnois-, cnoes-**

PRESENT/FUTURE

cnof, cnoaf	**cnown**
cnoi	**cnowch**
(obs.) **cny,**	**cnoant**
cnoa	

Impersonal: **cnoir**

IMPERFECT/CONDITIONAL

cnown	**cnoem**
cnoit	**cnoech**
cnoai	**cnoent**

Impersonal: **cnoid**

PAST

cnois	**cnoesom**
cnoist	**cnoesoch**
cnôdd, cnoes	**cnoesant**

Impersonal: **cnowyd**

PLUPERFECT

cnoeswn	**cnoesem**
cnoesit	**cnoesech**
cnoesai	**cnoesent**

Impersonal: **cnoesid**

SUBJUNCTIVE PRESENT

cnowyf	**cnôm**
cnoech	**cnôch**
cnô	**cnônt**

Impersonal: **cnoer**

IMPERATIVE

- -	**cnown**
cno, cnoia	**cnowch**
cnoed	**cnoent**

Impersonal: **cnoer**

VERBAL ADJECTIVES
cnoëdig 'chewed, bitten'
cnoadwy 'chewable'

PRESENT / FUTURE

cochaf	cochwn
cochi	cochwch
cocha	cochant

Impersonal: **cochir**

IMPERFECT / CONDITIONAL

cochwn	cochem
cochit	cochech
cochai	cochent

Impersonal: **cochid**

PAST

cochais	cochasom
cochaist	cochasoch
cochodd	cochasant

Impersonal: **cochwyd**

PLUPERFECT

cochaswn	cochasem
cochasit	cochasech
cochasai	cochasent

Impersonal: **cochasid, cochesid**

SUBJUNCTIVE PRESENT

cochwyf	cochom
cochych	cochoch
cocho	cochont

Impersonal: **cocher**

IMPERATIVE

- -	cochwn
cocha	cochwch
coched	cochent

Impersonal: **cocher**

VERBAL ADJECTIVES

- -

codi
'rise, raise' (see also: **cyfodi**)

Stem: **cod-**

PRESENT/FUTURE

codaf	codwn
codi	codwch
cyfyd, cod, cwyd	codant

Impersonal: **codir**

IMPERFECT/CONDITIONAL

codwn	codem
codit	codech
codai	codent

Impersonal: **codid**

PAST

codais	codasom
codaist	codasoch
cododd	codasant

Impersonal: **codwyd**

PLUPERFECT

codaswn	codasem
codasit	codasech
codasai	codasent

Impersonal: **codasid, codesid**

SUBJUNCTIVE PRESENT

codwyf	codom
codych	codoch
codo	codont

Impersonal: **coder**

IMPERATIVE

- -	codwn
cwyd, cod, coda	codwch
coded	codent

Impersonal: **coder**

VERBAL ADJECTIVES

codedig 'raised, exalted, rising'
codadwy 'liftable, erectable'

PRESENT/FUTURE

cofiaf	cofiwn
cofi	cofiwch
cofia	cofiant

Impersonal: **cofir**

IMPERFECT/CONDITIONAL

cofiwn	cofiem
cofit	cofiech
cofiai	cofient

Impersonal: **cofid**

PAST

cofiais	cofiasom
cofiaist	cofiasoch
cofiodd	cofiasant

Impersonal: **cofiwyd**

PLUPERFECT

cofiaswn	cofiasem
cofiasit	cofiasech
cofiasai	cofiasent

Impersonal: **cofiasid, cofiesid**

SUBJUNCTIVE PRESENT

cofiwyf	cofiom
cofiech	cofioch
cofio	cofiont

Impersonal: **cofier**

IMPERATIVE

- -	cofiwn
cofia	cofiwch
cofied	cofient

Impersonal: **cofier**

VERBAL ADJECTIVES

cofedig, cofiedig 'memorable, remembered, commemorated'

cofadwy, cofiadwy 'memorable; having a good memory'

PRESENT/FUTURE

collaf	**collwn**
colli	**collwch**
cyll	**collant**

Impersonal: **collir**

IMPERFECT/CONDITIONAL

collwn	**collem**
collit	**collech**
collai	**collent**

Impersonal: **collid**

PAST

collais	**collasom**
collaist	**collasoch**
(obs.) **colles,**	**collasant**
collodd	

Impersonal: **collwyd**

PLUPERFECT

collaswn	**collasem**
collasit	**collasech**
collasai	**collasent**

Impersonal: **collasid, collesid**

SUBJUNCTIVE PRESENT

collwyf	**collom**
collych	**colloch**
collo	**collont**

Impersonal: **coller**

IMPERATIVE

- -	**collwn**
coll	**collwch**
colled	**collent**

Impersonal: **coller**

VERBAL ADJECTIVES

colledig 'lost, astray, perishable, damned'
colladwy 'that can be lost, perishable'

51

credu
'believe, trust'

PRESENT/FUTURE

credaf	credwn
credi	credwch
cred	credant

Impersonal: **credir**

IMPERFECT/CONDITIONAL

credwn	credem
credit	credech
credai	credent

Impersonal: **credid**

PAST

credais	credasom
credaist	credasoch
credodd	credasant

Impersonal: **credwyd**

PLUPERFECT

credaswn	credasem
credasit	credasech
credasai	credasent

Impersonal: **credasid, credesid**

SUBJUNCTIVE PRESENT

credwyf	credom
credych	credoch
credo, creto	credont

Impersonal: **creder**

IMPERATIVE

- -	credwn
cred	credwch
creded	credent

Impersonal: **creder**

VERBAL ADJECTIVES

crededig 'believed'
credadwy 'credible'

PRESENT/FUTURE

creaf	crëwn
crei	crëwch
crea	creant

Impersonal: **crëir**

IMPERFECT/CONDITIONAL

crëwn	creem
crëit	creech
creai	creent

Impersonal: **crëid**

PAST

creais	creasom
creaist	creasoch
creodd	creasant

Impersonal: **crewyd**

PLUPERFECT

creaswn	creasem
creasit	creasech
creasai	creasent

Impersonal: **creasid, creesid**

SUBJUNCTIVE PRESENT

crewyf	creom
creych	creoch
creo	creont

Impersonal: **creer**

IMPERATIVE

- -	crëwn
crea	crëwch
creed	creent

Impersonal: **creer**

VERBAL ADJECTIVES

creedig, creuedig 'created'
creadwy 'that can be created'

croesawu
'welcome'

PRESENT/FUTURE

croesawaf	croesawn
croesewi	croesewch
croesawa	croesawant

Impersonal: **croesewir**

IMPERFECT/CONDITIONAL

croesawn	croesawem
croesawit	croesawech
croesawai	croesawent

Impersonal: **croesewid**

PAST

croesewais	croesawsom
croesewaist	croesawsoch
croesawodd	croesawsant

Impersonal: **croesawyd**

PLUPERFECT

croesawswn	croesawsem
croesawsit	croesawsech
croesawsai	croesawsent

Impersonal: **croesawsid**

SUBJUNCTIVE PRESENT

croesawyf	croesawom
croesewych	croesawoch
croesawo	croesawont

Impersonal: **croesawer**

IMPERATIVE

- -	croesawn
croesawa	croesawch
croesawed	croesawent

Impersonal: **croesawer**

VERBAL ADJECTIVES

croesawedig 'welcomed'
croesawadwy 'welcomable'

PRESENT/FUTURE

cryfhaf	**cryfhawn**
cryfhei	**cryfhewch**
cryfha	**cryfhânt**

Impersonal: **cryfheir**

IMPERFECT/CONDITIONAL

cryfhawn	**cryfhaem**
cryfheit,	**cryfhaech**
cryfhaet	**cryfhaent**
cryfhâi	

Impersonal: **cryfheid**

PAST

cryfheais	**cryfhasom**
cryfheaist	**cryfhasoch**
cryfhaodd	**cryfhasant**

Impersonal: **cryfhawyd, cryfhaed**

PLUPERFECT

cryfhaswn	**cryfhasem**
cryfhasit	**cryfhasech**
cryfhasai	**cryfhasent**

Impersonal: **cryfhasid, cryfhesid**

SUBJUNCTIVE PRESENT

cryfhawyf	**cryfhaom**
cryfheych	**cryfhaoch**
cryfhao	**cryfhaont**

Impersonal: **cryfhaer**

IMPERATIVE

- -	**cryfhawn**
cryfha	**cryfhewch**
cryfhaed	**cryfhaent**

Impersonal: **cryfhaer**

VERBAL ADJECTIVES

- -

crynhoi
'collect, gather; summarize'   Stem: **crynho-**

PRESENT / FUTURE

crynhof, crynhoaf	**crynhown**
crynhoi	**crynhowch**
(obs.) **crawn,**	**crynhoant**
crynhoa	

Impersonal: **crynhoir**

IMPERFECT / CONDITIONAL

crynhown	**crynhoem**
crynhoit	**crynhoech**
crynhoai	**crynhoent**

Impersonal: **crynhoid**

PAST

crynhois	**crynhoasom**
crynhoist	**crynhoasoch**
crynhodd, crynhoes	**crynhoasant**

Impersonal: **crynhowyd**

PLUPERFECT

crynhoaswn	**crynhoasem**
crynhoasit	**crynhoasech**
crynhoasai	**crynhoasent**

Impersonal: **crynhoasid, crynhoesid**

SUBJUNCTIVE PRESENT

crynhowyf	**crynhôm**
crynhoych	**crynhôch**
crynho	**crynhônt**

Impersonal: **crynhoer**

IMPERATIVE

- -	**crynhown**
crynhoa	**crynhowch**
crynhoed	**crynhoent**

Impersonal: **crynhoer**

VERBAL ADJECTIVES
crynhoedig 'summarized'
crynhoadwy 'summarizable'

PRESENT/FUTURE
crynaf	crynwn
cryni	crynwch
cryn, cryna	crynant

Impersonal: **crynir**

IMPERFECT/CONDITIONAL
crynwn	crynem
crynit	crynech
crynai	crynent

Impersonal: **crynid**

PAST
crynais	crynasom
crynaist	crynasoch
crynodd	crynasant

Impersonal: **crynwyd**

PLUPERFECT
crynaswn	crynasem
crynasit	crynasech
crynasai	crynasent

Impersonal: **crynasid, crynesid**

SUBJUNCTIVE PRESENT
crynwyf	crynom
crynych	crynoch
cryno	crynont

Impersonal: **cryner**

IMPERATIVE
- -	crynwn
cryna	crynwch
cryned	crynent

Impersonal: **cryner**

VERBAL ADJECTIVES
crynedig 'shaky, trembling; fearful'

cychwyn
'start, begin, stir, set out'   Stem: **cychwynn-**

PRESENT / FUTURE
cychwynnaf   cychwynnwn
cychwynni   cychwynnwch
cychwyn,   cychwynnant
  cychwynna
Impersonal: **cychwynnir**

IMPERFECT / CONDITIONAL
cychwynnwn   cychwynnem
cychwynnit   cychwynnech
cychwynnai   cychwynnent
Impersonal: **cychwynnid**

PAST
cychwynnais   cychwynasom
cychwynnaist   cychwynasoch
cychwynnodd   cychwynasant
Impersonal: **cychwynnwyd**

PLUPERFECT
cychwynaswn   cychwynasem
cychwynasit   cychwynasech
cychwynasai   cychwynasent
Impersonal: **cychwynasid, cychwynnesid**

SUBJUNCTIVE PRESENT
cychwynnwyf   cychwynnom
cychwynnech   cychwynnoch
cychwynno   cychwynnont
Impersonal: **cychwynner**

IMPERATIVE
- -   cychwynnwn
cychwynna   cychwynnwch
cychwynned   cychwynnent
Impersonal: **cychwynner**

VERBAL ADJECTIVES
cychwynedig 'begun; movable'
cychwynadwy 'that can be started'

cydnabod
'acknowledge, recognize'

PRESENT/FUTURE

cydnabyddaf	**cydnabyddwn**
cydnabyddi	**cydnabyddwch**
cydnabydd	**cydnabyddant**

Impersonal: **cydnabyddir**

IMPERFECT/CONDITIONAL

cydnabyddwn	**cydnabyddem**
cydnabyddit, cydnabyddet	**cydnabyddech**
cydnabyddai	**cydnabyddent**

Impersonal: **cydnabyddid**

PAST

cydnabûm, cydnabyddais	**cydnabuom, cydnabyddom,**
cydnabuost, cydnabyddaist	**cydnabyddasom**
cydnabu, cydnabyddodd	**cydnabuoch, cydnabyddoch,**
	cydnabyddasoch
	cydnabuant, cydnabyddant,
	cydnabyddasant

Impersonal: **cydnabuwyd, cydnabyddwyd**

PLUPERFECT

cydnabuaswn	**cydnabuasem**
cydnabuasit, cydnabuaset	**cydnabuasech**
cydnabuasai	**cydnabuasent**

Impersonal: **cydnabuasid, cydnabuesid**

SUBJUNCTIVE PRESENT

cydnabyddwyf	**cydnabyddom**
cydnabyddych	**cydnabyddoch**
cydnabyddo	**cydnabyddont**

Impersonal: **cydnabydder**

IMPERATIVE

- -	**cydnabyddwn**
cydnebydd, cydnabydda	**cydnabyddwch**
cydnabydded	**cydnabyddent**

Impersonal: **cydnabydder**

cydnabod

VERBAL ADJECTIVES
cydnabyddedig 'acknowledged, recognized'
cydnabyddadwy 'that can be acknowledged'

PRESENT / FUTURE

cyfarfyddaf	cyfarfyddwn
cyfarfyddi	cyfarfyddwch
cyferfydd	cyfarfyddant

Impersonal: **cyfarfyddir**

IMPERFECT / CONDITIONAL

cyfarfyddwn	cyfarfyddem
cyfarfyddit	cyfarfyddech
cyfarfyddai	cyfarfyddent

Impersonal: **cyfarfyddid**

PAST

cyfarfûm,	cyfarfuom,
cyfarfyddais	cyfarfyddom
cyfarfuost,	cyfarfuoch,
cyfarfyddaist	cyfarfyddoch
cyfarfu,	cyfarfuont, cyfarfuant,
cyfarfyddodd	cyfarfyddant

Impersonal: **cyfarfuwyd**

PLUPERFECT

cyfarfuaswn	cyfarfuasem
cyfarfuasit	cyfarfuasech
cyfarfuasai	cyfarfuasent

Impersonal: **cyfarfuasid**

SUBJUNCTIVE PRESENT

cyfarfyddwyf	cyfarfyddom
cyfarfyddych	cyfarfyddoch
cyfarfyddo	cyfarfyddont

Impersonal: **cyfarfydder**

IMPERATIVE

- -	cyfarfyddwn
cyfarfydda	cyfarfyddwch
cyfarfydded	cyfarfyddent

Impersonal: **cyfarfydder**

VERBAL ADJECTIVES
cyfarfodedig 'met'
cyfarfodadwy 'that can be encountered'

PRESENT/FUTURE
cyfleaf	cyflëwn
cyflei	cyflëwch
cyflea	cyfleant

Impersonal: **cyflëir**

IMPERFECT/CONDITIONAL
cyflëwn	cyfleem
cyflëit	cyfleech
cyfleai	cyfleent

Impersonal: **cyflëid**

PAST
cyfleais	cyfleasom
cyfleaist	cyfleasoch
cyfleodd	cyfleasant

Impersonal: **cyflewyd**

PLUPERFECT
cyfleaswn	cyfleasem
cyfleasit	cyfleasech
cyfleasai	cyfleasent

Impersonal: **cyfleasid, cyfleesid**

SUBJUNCTIVE PRESENT
cyflewyf	cyfleom
cyfleych	cyfleoch
cyfleo	cyfleont

Impersonal: **cyfleer**

IMPERATIVE
- -	cyflëwn
cyflea	cyflëwch
cyfleed	cyfleent

Impersonal: **cyfleer**

VERBAL ADJECTIVES
cyfleedig 'conveyed'
cyfleadwy 'conveyable'

cyfodi

'rise, raise' (see also: **codi**) Stem: **cyfod-**

PRESENT / FUTURE

cyfodaf	cyfodwn
cyfodi	cyfodwch
cyfyd,	cyfodant
cyfoda	

Impersonal: **cyfodir**

IMPERFECT / CONDITIONAL

cyfodwn	cyfodem
cyfodit	cyfodech
cyfodai	cyfodent

Impersonal: **cyfodid**

PAST

cyfodais	cyfodasom
cyfodaist	cyfodasoch
cyfododd	cyfodasant

Impersonal: **cyfodwyd**

PLUPERFECT

cyfodaswn	cyfodasem
cyfodasit	cyfodasech
cyfodasai	cyfodasent

Impersonal: **cyfodasid, cyfodesid**

SUBJUNCTIVE PRESENT

cyfodwyf	cyfodom
cyfodych	cyfodoch
cyfodo	cyfodont

Impersonal: **cyfoder**

IMPERATIVE

- -	cyfodwn
cyfoda	cyfodwch
cyfoded	cyfodent

Impersonal: **cyfoder**

VERBAL ADJECTIVES

cyfodedig 'raised'
cyfodadwy 'liftable'

PRESENT/FUTURE

cyffroaf	cyffrown
cyffroi	cyffrowch
cyffry, cyffroa	cyffrônt

Impersonal: **cyffroir**

IMPERFECT/CONDITIONAL

cyffrown	cyffroem
cyffroit	cyffroech
cyffrôi, cyffroai	cyffroent

Impersonal: **cyffroid**

PAST

cyffrois, cyffroais	cyffroesom
cyffroist,	cyffroesoch
cyffroaist	cyffroesant
cyffrôdd, cyffroes	

Impersonal: **cyffrowyd**

PLUPERFECT

cyffroeswn	cyffroesem
cyffroesit	cyffroesech
cyffroesai	cyffroesent

Impersonal: **cyffroasid, cyffroesid**

SUBJUNCTIVE PRESENT

cyffrowyf	cyffrôm
cyffroych	cyffrôch
cyffro	cyffrônt

Impersonal: **cyffroer**

IMPERATIVE

- -	cyffrown
cyffroa	cyffrowch
cyffroed	cyffroent

Impersonal: **cyffroer**

VERBAL ADJECTIVES

cyffroëdig 'stirred, agitated, excited'
cyffroadwy 'agitated, excitable'

cyffwrdd
'touch'

Stem: **cyffyrdd-**

PRESENT / FUTURE
cyffyrddaf	cyffyrddwn
cyffyrddi	cyffyrddwch
cyffwrdd, cyffyrdda	cyffyrddant

Impersonal: **cyffyrddir**

IMPERFECT / CONDITIONAL
cyffyrddwn	cyffyrddem
cyffyrddit	cyffyrddech
cyffyrddai	cyffyrddent

Impersonal: **cyffyrddid**

PAST
cyffyrddais	cyffyrddasom
cyffyrddaist	cyffyrddasoch
cyffyrddodd	cyffyrddasant

Impersonal: **cyffyrddwyd**

PLUPERFECT
cyffyrddaswn	cyffyrddasem
cyffyrddasit	cyffyrddasech
cyffyrddasai	cyffyrddasent

Impersonal: **cyffyrddasid, cyffyrddesid**

SUBJUNCTIVE PRESENT
cyffyrddwyf	cyffyrddom
cyffyrddych	cyffyrddoch
cyffyrddo	cyffyrddont

Impersonal: **cyffyrdder**

IMPERATIVE
- -	cyffyrddwn
cyffwrdd, cyffyrdda	cyffyrddwch
cyffyrdded	cyffyrddent

Impersonal: **cyffyrdder**

VERBAL ADJECTIVES
cyffyrddedig 'touched'
cyffyrddadwy 'touchable, tangible'

PRESENT/FUTURE

cymhellaf	cymhellwn
cymhelli	cymhellwch
cymhella	cymhellant

Impersonal: **cymhellir**

IMPERFECT/CONDITIONAL

cymhellwn	cymhellem
cymhellit	cymhellech
cymhellai	cymhellent

Impersonal: **cymhellid**

PAST

cymhellais	cymellasom
cymhellaist	cymellasoch
cymhellodd	cymellasant

Impersonal: **cymhellwyd**

PLUPERFECT

cymellaswn	cymellasem
cymellasit	cymellasech
cymellasai	cymellasent

Impersonal: **cymellasid, cymellesid**

SUBJUNCTIVE PRESENT

cymhellwyf	cymhellom
cymhellych	cymhelloch
cymhello	cymhellont

Impersonal: **cymheller**

IMPERATIVE

- -	cymhellwn
cymell,	cymhellwch
cymhella	cymhellent
cymhelled	

Impersonal: **cymheller**

VERBAL ADJECTIVES

cymelledig 'incited, urged, forced, compelled'
cymelladwy 'that can be urged or pressed'

PRESENT/FUTURE

cymeraf	cymerwn
cymeri	cymerwch
cymer	cymerant

Impersonal: **cymerir**

IMPERFECT/CONDITIONAL

cymerwn	cymerem
cymerit	cymerech
cymerai	cymerent

Impersonal: **cymerid**

PAST

cymerais	cymerasom
cymeraist	cymerasoch
(obs.) cymerth,	cymerasant
cymerodd	

Impersonal: **cymerwyd**

PLUPERFECT

cymeraswn	cymerasem
cymerasit	cymerasech
cymerasai	cymerasent

Impersonal: **cymerasid, cymeresid**

SUBJUNCTIVE PRESENT

cymerwyf	cymerom
cymerych	cymeroch
cymero	cymeront

Impersonal: **cymerer**

IMPERATIVE

- -	cymerwn
cymer, cymera	cymerwch
cymered	cymerent

Impersonal: **cymerer**

VERBAL ADJECTIVES

cymeredig 'accepted, approved, acceptable'
cymeradwy 'acceptable'

Stem: **cynhyrch-**

PRESENT / FUTURE

cynhyrchaf	**cynhyrchwn**
cynhyrchi	**cynhyrchwch**
(obs.) **cynnyrch,**	**cynhyrchant**
cynhyrcha	

Impersonal: **cynhyrchir**

IMPERFECT / CONDITIONAL

cynhyrchwn	**cynhyrchem**
cynhyrchit	**cynhyrchech**
cynhyrchai	**cynhyrchent**

Impersonal: **cynhyrchid**

PAST

cynhyrchais	**cynhyrchasom**
cynhyrchaist	**cynhyrchasoch**
cynhyrchodd	**cynhyrchasant**

Impersonal: **cynhyrchwyd**

PLUPERFECT

cynhyrchaswn	**cynhyrchasem**
cynhyrchasit	**cynhyrchasech**
cynhyrchasai	**cynhyrchasent**

Impersonal: **cynhyrchasid, cynhyrchesid**

SUBJUNCTIVE PRESENT

cynhyrchwyf	**cynhyrchom**
cynhyrchych	**cynhyrchoch**
cynhyrcho	**cynhyrchont**

Impersonal: **cynhyrcher**

IMPERATIVE

- -	**cynhyrchwn**
cynnyrch,	**cynhyrchwch**
cynhyrcha	**cynhyrchent**
cynhyrched	

Impersonal: **cynhyrcher**

VERBAL ADJECTIVES

cynhyrchedig 'produced, presented, fruitful'

cynnal
'support, hold, maintain'   Stem: **cynhali-**

PRESENT/FUTURE

cynhaliaf	cynhaliwn
cynheli	cynheliwch,
(obs.) cynneil,	cynhaliwch
cynnail	cynhaliant

Impersonal: **cynhelir**

IMPERFECT/CONDITIONAL

cynhaliwn	cynhaliem
cynhalit	cynhaliech
cynhaliai	cynhalient

Impersonal: **cynhelid**

PAST

cynheliais	cynaliasom
cynheliaist	cynaliasoch
cynhaliodd	cynaliasant

Impersonal: **cynhaliwyd**

PLUPERFECT

cynaliaswn	cynaliasem
cynaliasit	cynaliasech
cynaliasai	cynaliasent

Impersonal: **cynaliasid, cynaliesid**

SUBJUNCTIVE PRESENT

cynhaliwyf	cynhaliom
cynheliech	cynhalioch
cynhalio	cynhaliont

Impersonal: **cynhalier**

IMPERATIVE

- -	cynhaliwn
cynnal	cynhaliwch
cynhalied	cynhalient

Impersonal: **cynhalier**

VERBAL ADJECTIVES

cynaledig 'maintained'
cynaladwy 'maintainable'

PRESENT/FUTURE

cyneuaf	**cyneuwn**
cyneui	**cyneuwch**
cynnau,	**cyneuant**
cyneua	

Impersonal: **cyneuir**

IMPERFECT/CONDITIONAL

cyneuwn	**cyneuem**
cyneuit	**cyneuech**
cyneuai	**cyneuent**

Impersonal: **cyneuid**

PAST

cyneuais	**cyneuasom**
cyneuaist	**cyneuasoch**
cyneuodd	**cyneuasant**

Impersonal: **cyneuwyd**

PLUPERFECT

cyneuaswn	**cyneuasem**
cyneuasit	**cyneuasech**
cyneuasai	**cyneuasent**

Impersonal: **cyneuasid, cyneuesid**

SUBJUNCTIVE PRESENT

cyneuwyf	**cyneuom**
cyneuych	**cyneuoch**
cyneuo	**cyneuont**

Impersonal: **cyneuer**

IMPERATIVE

- -	**cyneuewn**
cyneua	**cyneuwch**
cyneued	**cyneuent**

Impersonal: **cyneuer**

VERBAL ADJECTIVES

cyneuedig 'kindled, burning'

cynnig
'attempt, offer, propose'

Stem: **cynigi-**

PRESENT/FUTURE

cynigiaf	cynigiwn
cynigi	cynigiwch
cynigia	cynigiant

Impersonal: **cynigir**

IMPERFECT/CONDITIONAL

cynigiwn	cynigiem
cynigit	cynigiech
cynigiai	cynigient

Impersonal: **cynigid**

PAST

cynigiais	cynigiasom
cynigiaist	cynigiasoch
cynigiodd	cynigiasant

Impersonal: **cynigiwyd**

PLUPERFECT

cynigiaswn	cynigiasem
cynigiasit	cynigiasech
cynigiasai	cynigiasent

Impersonal: **cynigiasid, cynigiesid**

SUBJUNCTIVE PRESENT

cynigiwyf	cynigiom
cynigiech	cynigioch
cynigio	cynigiont

Impersonal: **cynigier**

IMPERATIVE

- -	cynigiwn
cynigia	cynigiwch
cynigied	cynigient

Impersonal: **cynigier**

VERBAL ADJECTIVES

cynigedig, cynigiedig 'offered, proposed'
cynigiadwy 'that can be offered'

72

PRESENT/FUTURE
cynhwysaf   cynhwyswn
cynhwysi   cynhwyswch
cynhwysa   cynhwysant
Impersonal: **cynhwysir**

IMPERFECT/CONDITIONAL
cynhwyswn   cynhwysem
cynhwysit   cynhwysech
cynhwysai   cynhwysent
Impersonal: **cynhwysid**

PAST
cynhwysais   cynwysasom
cynhwysaist   cynwysasoch
cynhwysodd   cynwysasant
Impersonal: **cynhwyswyd**

PLUPERFECT
cynwysaswn   cynwysasem
cynwysasit   cynwysasech
cynwysasai   cynwysasent
Impersonal: **cynwysasid, cynwysesid**

SUBJUNCTIVE PRESENT
cynhwyswyf   cynhwysom
cynhwysych   cynhwysoch
cynhwyso   cynhwysont
Impersonal: **cynhwyser**

IMPERATIVE
- -   cynhwyswn
cynhwysa   cynhwyswch
cynhwysed   cynhwysent
Impersonal: **cynhwyser**

VERBAL ADJECTIVES
cynwysedig, cynwysiedig 'contained, included, inclusive'
cynwysadwy 'containable; admissible'

cynyddu
'increase, grow'

Stem: **cynydd-**

PRESENT / FUTURE

cynyddaf	cynyddwn
cynyddi	cynyddwch
cynydda	cynyddant

Impersonal: **cynyddir**

IMPERFECT / CONDITIONAL

cynyddwn	cynyddem
cynyddit	cynyddech
cynyddai	cynyddent

Impersonal: **cynyddid**

PAST

cynyddais	cynyddasom
cynyddaist	cynyddasoch
cynyddodd	cynyddasant

Impersonal: **cynyddwyd**

PLUPERFECT

cynyddaswn	cynyddasem
cynyddasit	cynyddasech
cynyddasai	cynyddasent

Impersonal: **cynyddasid, cynyddesid**

SUBJUNCTIVE PRESENT

cynyddwyf	cynyddom
cynyddych	cynyddoch
cynyddo	cynyddont

Impersonal: **cynydder**

IMPERATIVE

- -	cynyddwn
cynydda	cynyddwch
cynydded	cynyddent

Impersonal: **cynydder**

VERBAL ADJECTIVES

cynyddedig 'increased, advanced'
cynyddadwy 'that can be increased'

PRESENT/FUTURE

cyrchaf	**cyrchwn**
cyrchi	**cyrchwch**
cyrch,	**cyrchant**
cyrcha	

Impersonal: **cyrchir**

IMPERFECT/CONDITIONAL

cyrchwn	**cyrchem**
cyrchit	**cyrchech**
cyrchai	**cyrchent**

Impersonal: **cyrchid**

PAST

cyrchais	**cyrchasom**
cyrchaist	**cyrchasoch**
cyrchodd	**cyrchasant**

Impersonal: **cyrchwyd**

PLUPERFECT

cyrchaswn	**cyrchasem**
cyrchasit	**cyrchasech**
cyrchasai	**cyrchasent**

Impersonal: **cyrchasid, cyrchesid**

SUBJUNCTIVE PRESENT

cyrchwyf	**cyrchom**
cyrchych	**cyrchoch**
cyrcho	**cyrchont**

Impersonal: **cyrcher**

IMPERATIVE

- -	**cyrchwn**
cyrcha	**cyrchwch**
cyrched	**cyrchent**

Impersonal: **cyrcher**

VERBAL ADJECTIVES

cyrchedig 'fetched, frequented'
cyrchadwy 'reachable, within reach'

cyrraedd
'reach, arrive, attain'

PRESENT / FUTURE

cyrhaeddaf	cyrhaeddwn
cyrhaeddi	cyrhaeddwch
cyrraedd, cyrraidd,	cyrhaeddant
cyrhaedda	

Impersonal: **cyrhaeddir**

IMPERFECT / CONDITIONAL

cyrhaeddwn	cyrhaeddem
cyrhaeddit	cyrhaeddech
cyrhaeddai	cyrhaeddent

Impersonal: **cyrhaeddid**

PAST

cyrhaeddais	cyraeddasom
cyrhaeddaist	cyraeddasoch
cyrhaeddodd	cyraeddasant

Impersonal: **cyrhaeddwyd**

PLUPERFECT

cyraeddaswn	cyraeddasem
cyraeddasit	cyraeddasech
cyraeddasai	cyraeddasent

Impersonal: **cyrhaeddasid, cyrhaeddesid**

SUBJUNCTIVE PRESENT

cyrhaeddwyf	cyrhaeddom
cyrhaeddych	cyrhaeddoch
cyrhaeddo	cyrhaeddont

Impersonal: **cyrhaedder**

IMPERATIVE

- -	cyrhaeddwn
cyrraedd	cyrhaeddwch
cyrhaedded	cyrhaeddent

Impersonal: **cyrhaedder**

VERBAL ADJECTIVES

cyraeddedig 'reached, attained'
cyraeddadwy 'attainable'

PRESENT/FUTURE

cysgaf	**cysgwn**
cysgi	**cysgwch**
cwsg, cysga	**cysgant**

Impersonal: **cysgir**

IMPERFECT/CONDITIONAL

cysgwn	**cysgem**
cysgit	**cysgech**
cysgai	**cysgent**

Impersonal: **cysgid**

PAST

cysgais	**cysgasom**
cysgaist	**cysgasoch**
cysgodd	**cysgasant**

Impersonal: **cysgwyd**

PLUPERFECT

cysgaswn	**cysgasem**
cysgasit	**cysgasech**
cysgasai	**cysgasent**

Impersonal: **cysgasid, cysgesid**

SUBJUNCTIVE PRESENT

cysgwyf	**cysgom**
cysgych	**cysgoch**
cysgo	**cysgont**

Impersonal: **cysger**

IMPERATIVE

- -	**cysgwn**
cwsg, cysga	**cysgwch**
cysged	**cysgent**

Impersonal: **cysger**

VERBAL ADJECTIVES

cysgedig, cysgiedig 'sleepy'

chwalu
'scatter, demolish'

Stem: **chwâl-**

PRESENT/FUTURE

chwalaf	chwalwn
chweli	chwelwch
chwâl	chwalant

Impersonal: **chwelir**

IMPERFECT/CONDITIONAL

chwalwn	chwalem
chwalit	chwalech
chwalai	chwalent

Impersonal: **chwelid**

PAST

chwelais	chwalasom
chwelaist	chwalasoch
chwalodd	chwalasant

Impersonal: **chwalwyd**

PLUPERFECT

chwalaswn	chwalasem
chwalasit	chwalasech
chwalasai	chwalasent

Impersonal: **chwalasid, chwalesid**

SUBJUNCTIVE PRESENT

chwalwyf	chwalom
chwelych	chwaloch
chwalo	chwalont

Impersonal: **chwaler**

IMPERATIVE

- -	chwalwn
chwâl	chwelwch
chwaled	chwalent

Impersonal: **chwaler**

VERBAL ADJECTIVES

chwaledig 'scattered, dispersed, crumbled'
chwaladwy 'that can be scattered or easily crumbled'

PRESENT/FUTURE

chwaraeaf	chwaraewn
chwaraei	chwaraewch
chwery,	chwaraeant
chwaraea	

Impersonal: **chwaraeir**

IMPERFECT/CONDITIONAL

chwaraewn	chwaraeem
chwaraeit	chwaraeech
chwaraeai	chwaraeent

Impersonal: **chwaraeid**

PAST

chwaraeais	chwaraeasom,
chwaraeaist	chwaraesom
chwaraeodd	chwaraeasoch,
	chwaraesoch
	chwaraeasant,
	chwaraesant

Impersonal: **chwaraewyd**

PLUPERPERFECT

chwaraeaswn	chwaraeasem
chwaraeasit	chwaraeasech
chwaraeasai	chwaraeasent

Impersonal: **chwaraeesid**

SUBJUNCTIVE PRESENT

chwaraewyf	chwaraeom
chwaraeych	chwaraeoch
chwaraeo	chwaraeont

Impersonal: **chwaraeer**

IMPERATIVE

- -	chwaraewn
chwarae	chwaraewch
chwaraeed	chwaraeent

Impersonal: **chwaraeer**

79

VERBAL ADJECTIVES
chwaraeadwy 'that can be played or performed' (of music or drama)

Stem: **chwardd-**

PRESENT/FUTURE

chwarddaf	chwarddwn
chwerddi	chwerddwch
chwardd	chwarddant

Impersonal: **chwerddir**

IMPERFECT/CONDITIONAL

chwarddwn	chwarddem
chwerddit, chwarddit	chwarddech
chwarddai	chwarddent

Impersonal: **chwerddid**

PAST

chwerddais	chwarddasom
chwerddaist	chwarddasoch
chwarddodd	chwarddasant

Impersonal: **chwarddwyd**

PLUPERFECT

chwarddaswn	chwarddasem
chwarddasit	chwarddasech
chwarddasai	chwarddasent

Impersonal: **chwarddasid, chwarddesid**

SUBJUNCTIVE PRESENT

chwarddwyf	chwarddom
chwerddych	chwarddoch
chwarddo	chwarddont

Impersonal: **chwardder**

IMPERATIVE

- -	chwarddwn
chwardd	chwerddwch,
chwardded	chwarddwch
	chwarddent

Impersonal: **chwardder**

VERBAL ADJECTIVES

chwarddedig 'laughing, smiling, joyous, risible'
chwarddadwy 'laughable'

chwibanu, chwiban
'whistle'

Stem: **chwiban-**

PRESENT / FUTURE
chwibanaf	chwibanwn
chwibani	chwibanwch
chwibana	chwibanant

Impersonal: **chwibanir**

IMPERFECT / CONDITIONAL
chwibanwn	chwibanem
chwibenit,	chwibanech
chwibanit	chwibanent
chwibanai	

Impersonal: **chwibanid**

PAST
chwibanais	chwibanasom
chwibanaist	chwibanasoch
chwibanodd	chwibanasant

Impersonal: **chwibanwyd**

PLUPERFECT
chwibanaswn	chwibanasem
chwibanasit	chwibanasech
chwibanasai	chwibanasent

Impersonal: **chwibanasid, chwibanesid**

SUBJUNCTIVE PRESENT
chwibanwyf	chwibanom
chwibanych	chwibanoch
chwibano	chwibanont

Impersonal: **chwibaner**

IMPERATIVE
- -	chwibanwn
chwibana	chwibanwch
chwibaned	chwibanent

Impersonal: **chwibaner**

VERBAL ADJECTIVES
chwibanedig 'whistled'
chwibanadwy 'that can be whistled'

PRESENT/FUTURE

dadleuaf	dadleuwn
dadleui	dadleuwch
dadleua	dadleuant

Impersonal: **dadleuir**

IMPERFECT/CONDITIONAL

dadleuwn	dadleuem
dadleuit	dadleuech
dadleuai	dadleuent

Impersonal: **dadleuid**

PAST

dadleuais	dadleuasom
dadleuaist	dadleuasoch
dadleuodd	dadleuasant

Impersonal: **dadleuwyd**

PLUPERFECT

dadleuaswn	dadleuasem
dadleuasit	dadleuasech
dadleuasai	dadleuasent

Impersonal: **dadleuasid, dadleuesid**

SUBJUNCTIVE PRESENT

dadleuwyf	dadleuom
dadleuych	dadleuoch
dadleuo	dadleuont

Impersonal: **dadleuer**

IMPERATIVE

- -	dadleuwn
dadleua	dadleuwch
dadleued	dadleuent

Impersonal: **dadleuer**

VERBAL ADJECTIVES

dadleuedig 'argued, debated, disputed'
dadleuadwy 'arguable, disputable'

dadlennu
'disclose, reveal'

PRESENT / FUTURE
dadlennaf	dadlennwn
dadlenni	dadlennwch
dadlenna	dadlennant

Impersonal: **dadlennir**

IMPERFECT / CONDITIONAL
dadlennwn	dadlennem
dadlennit	dadlennech
dadlennai	dadlennent

Impersonal: **dadlennid**

PAST
dadlennais	dadlenasom
dadlennaist	dadlenasoch
dadlennodd	dadlenasant

Impersonal: **dadlennwyd**

PLUPERFECT
dadlenaswn	dadlenasem
dadlenasit	dadlenasech
dadlenasai	dadlenasent

Impersonal: **dadlenasid, dadlenesid**

SUBJUNCTIVE PRESENT
dadlennwyf	dadlennom
dadlennych	dadlennoch
dadlenno	dadlennont

Impersonal: **dadlenner**

IMPERATIVE
- -	dadlennwn
dadlenna	dadlennwch
dadlenned	dadlennent

Impersonal: **dadlenner**

VERBAL ADJECTIVES
- -

Stem: **dali-**   'hold, catch, continue, remain'

PRESENT/FUTURE

daliaf	daliwn
deli	deliwch, daliwch
deil	daliant

Impersonal: **delir**

IMPERFECT/CONDITIONAL

daliwn	daliem
dalit	daliech
dalai	dalient

Impersonal: **delid**

PAST

deliais, daliais	daliasom
deliaist, daliaist	daliasoch
daliodd	daliasant

Impersonal: **daliwyd**

PLUPERFECT

daliaswn	daliasem
daliasit	daliasech
daliasai	daliasent

Impersonal: **daliasid, daliesid**

SUBJUNCTIVE PRESENT

daliwyf	daliom
daliech	dalioch
dalio	daliont

Impersonal: **dalier**

IMPERATIVE

- -	daliwn
dal, dalia	daliwch
dalied	dalient

Impersonal: **dalier**

VERBAL ADJECTIVES

daliedig 'held, captured'
daliadwy 'tenable, reasonable'

dangos
'show'

PRESENT/FUTURE

dangosaf	dangoswn
dangosi	dangoswch
dengys	dangosant

Impersonal: **dangosir**

IMPERFECT/CONDITIONAL

dangoswn	dangosem
dangosit	dangosech
dangosai	dangosent

Impersonal: **dangosid**

PAST

dangosais	dangosasom
dangosaist	dangosasoch
dangosodd	dangosasant

Impersonal: **dangoswyd**

PLUPERFECT

dangosaswn	dangosasem
dangosasit	dangosasech
dangosasai	dangosasent

Impersonal: **dangosasid, dangosesid**

SUBJUNCTIVE PRESENT

dangoswyf	dangosom
dangosych	dangosoch
dangoso	dangosont

Impersonal: **dangoser**

IMPERATIVE

- -	dangoswn
dangos	dangoswch
dangosed	dangosent

Impersonal: **dangoser**

VERBAL ADJECTIVES

dangosedig 'revealed, declared, demonstrated'
dangosadwy 'demonstrable'

Stem: **darfydd-; darfu-**   'end, die; happen'

PRESENT HABITUAL/FUTURE

darfyddaf	**darfyddwn**
darfyddi	**darfyddwch**
(obs.) **deryw, derw, darfydd,**	**darfyddant**
derfydd	

Impersonal: **darfyddir**

IMPERFECT/CONDITIONAL

darfyddwn	**darfyddem**
darfyddit	**darfyddech**
darfyddai	**darfyddent**

Impersonal: **darfyddid**

PAST

darfûm, darfyddais	**darfuom, darfyddasom**
darfuost, darfyddaist	**darfuoch, darfyddasoch**
darfu, darfyddodd	**darfuant, darfyddasant**

Impersonal: **darfuwyd**

PLUPERFECT

darfuaswn, darfyddaswn	**darfuasem, darfyddasem**
darfuasit, darfyddasit	**darfuasech, darfyddasech**
darfuasai, darfyddasai	**darfuasent, darfyddasent**

Impersonal: **darfuasid, darfuesid**

SUBJUNCTIVE PRESENT

darfyddwyf	**darfyddom**
darfyddych	**darfyddoch**
darfyddo	**darfyddont**

Impersonal: **darfydder**

IMPERATIVE

- -	**darfyddwn**
darfydda	**darfyddwch**
darfydded	**darfyddent**

Impersonal: **darfydder**

VERBAL ADJECTIVES

darfodedig 'transitory, transient'
darfodadwy 'transitory, perishable; frail'

darganfod
'discover'

Stem: **darganfydd-; darganfu-**

PRESENT/FUTURE

darganfyddaf
darganfyddi
dargenfydd, darganfydda
Impersonal: **darganfyddir**

darganfyddwn
darganfyddwch
darganfyddant

IMPERFECT/CONDITIONAL

darganfyddwn
darganfyddit
darganfyddai
Impersonal: **darganfyddid**

darganfyddem
darganfyddech
darganfyddent

PAST

darganfûm, darganfyddais
darganfuost, darganfyddaist
darganfu, darganfyddodd

Impersonal: **darganfuwyd**

darganfuom, darganfyddasom
darganfuoch,
   darganfyddasoch
darganfant, darganfyddasant

PLUPERFECT

darganfuaswn,
   darganfyddaswn
darganfuasit, darganfyddasit
darganfuasai, darganfyddasai

Impersonal: **darganfuasid, darganfuesid**

darganfuasem,
   darganfyddasem
darganfuasech,
   darganfyddasech
darganfuasent,
   darganfyddasent

SUBJUNCTIVE PRESENT

darganfyddwyf
darganfyddych
darganfyddo
Impersonal: **darganfydder**

darganfyddom
darganfyddoch
darganfyddont

IMPERATIVE

- -
darganfydda
darganfydded
Impersonal: **darganfydder**

darganfyddwn
darganfyddwch
darganfyddent

VERBAL ADJECTIVES
darganfyddedig 'discovered'
darganfyddadwy 'discoverable'

darllen
'read'

Stem: **darllen-**

PRESENT / FUTURE

darllenaf	darllenwn
darlleni	darllenwch
darllen	darllenant

Impersonal: **darllenir**

IMPERFECT / CONDITIONAL

darllenwn	darllenem
darllenit	darllenech
darllenai	darllenent

Impersonal: **darllenid**

PAST

darllenais	darllenasom
darllenaist	darllenasoch
darllenodd	darllenasant

Impersonal: **darllenwyd**

PLUPERFECT

darllenaswn	darllenasem
darllenasit	darllenasech
darllenasai	darllenasent

Impersonal: **darllenasid, darllenesid**

SUBJUNCTIVE PRESENT

darllenwyf	darllenom
darllenych	darllenoch
darlleno	darllenont

Impersonal: **darllener**

IMPERATIVE

- -	darllenwn
darllen,	darllenwch
darllena	darllenent
darllened	

Impersonal: **darllener**

VERBAL ADJECTIVES

darllenedig 'readable, that can be read'
darllenadwy 'legible, readable'

90

datod
'undo, untie'

PRESENT/FUTURE

datodaf	datodwn
datodi	datodwch
(obs.) detyd,	datodant
datod	

Impersonal: **datodir**

IMPERFECT/CONDITIONAL

datodwn	datodem
datodit	datodech
datodai	datodent

Impersonal: **datodid**

PAST

datodais	datodasom
datodaist	datodasoch
datododd	datodasant

Impersonal: **datodwyd**

PLUPERFECT

datodaswn	datodasem
datodasit	datodasech
datodasai	datodasent

Impersonal: **datodasid, datodesid**

SUBJUNCTIVE PRESENT

datodwyf	datodom
datodych	datodoch
datodo	datodont

Impersonal: **datoder**

IMPERATIVE

- -	datodwn
datod	datodwch
datoded	datodent

Impersonal: **datoder**

VERBAL ADJECTIVES
datodedig 'untied, loosened'
datodadwy 'that can be undone'

deall
'understand'

Stem: **deall-**

PRESENT/FUTURE

deallaf	deallwn
deelli, dealli	deellwch, deallwch
deall	deallant

Impersonal: **deellir, deallir**

IMPERFECT/CONDITIONAL

deallwn	deallem
deallit	deallech
deallai	deallent

Impersonal: **deellid, deallid**

PAST

deellais, deallais	deallasom
deellaist, deallaist	deallasoch
deallodd	deallasant

Impersonal: **deallwyd**

PLUPERFECT

deallaswn	deallasem
deallasit	deallasech
deallasai	deallasent

Impersonal: **deallasid, deallesid**

SUBJUNCTIVE PRESENT

deallwyf	deallom
deellych, deallych	dealloch
deallo	deallont

Impersonal: **dealler**

IMPERATIVE

- -	deallwn
deall, dealla	deallwch
dealled	deallent

Impersonal: **dealler**

VERBAL ADJECTIVES

dealledig 'understood, discerned'
dealladwy 'intelligible'

92

dechrau
'start, begin'

PRESENT/FUTURE

dechreuaf	dechreuwn
dechreui	dechreuwch
dechrau,	dechreuant
dechreua	

Impersonal: **dechreuir**

IMPERFECT/CONDITIONAL

dechreuwn	dechreuem
dechreuit	dechreuech
dechreuai	dechreuent

Impersonal: **dechreuid**

PAST

dechreuais	dechreuasom
dechreuaist	dechreuasoch
dechreuodd	dechreuasant

Impersonal: **dechreuwyd**

PLUPERFECT

dechreuaswn	dechreuasem
dechreuasit	dechreuasech
dechreuasai	dechreuasent

Impersonal: **dechreuasid, dechreuesid**

SUBJUNCTIVE PRESENT

dechreuwyf	dechreuom
dechreuych	dechreuoch
dechreuo	dechreuont

Impersonal: **dechreuer**

IMPERATIVE

- -	dechreuwn
dechrau,	dechreuwch
dechreua	dechreuent
dechreued	

Impersonal: **dechreuer**

VERBAL ADJECTIVES

dechreuedig 'begun, having a beginning'

93

defnyddio
'use'

PRESENT / FUTURE

defnyddiaf	**defnyddiwn**
defnyddi	**defnyddiwch**
defnyddia	**defnyddiant**

Impersonal: **defnyddir**

IMPERFECT / CONDITIONAL

defnyddiwn	**defnyddiem**
defnyddit	**defnyddiech**
defnyddiai	**defnyddient**

Impersonal: **defnyddid**

PAST

defnyddiais	**defnyddiasom**
defnyddiaist	**defnyddiasoch**
defnyddiodd	**defnyddiasant**

Impersonal: **defnyddiwyd**

PLUPERFECT

defnyddiaswn	**defnyddiasem**
defnyddiasit	**defnyddiasech**
defnyddiasai	**defnyddiasent**

Impersonal: **defnyddiasid, defnyddiesid**

SUBJUNCTIVE PRESENT

defnyddiwyf	**defnyddiom**
defnyddych	**defnyddioch**
defnyddio	**defnyddiont**

Impersonal: **defnyddier**

IMPERATIVE

- -	**defnyddiwn**
defnyddia	**defnyddiwch**
defnyddied	**defnyddient**

Impersonal: **defnyddier**

VERBAL ADJECTIVES

defnyddedig 'used'
defnyddiadwy, defnyddadwy 'useful, usable'

PRESENT / FUTURE

deffrôf, deffroaf	**deffrown**
deffroi	**deffrowch**
deffry, deffroa	**deffrônt, deffroant**
Impersonal: **deffroir**	

IMPERFECT / CONDITIONAL

deffrown	**deffroem**
deffroit	**deffroech**
deffrôi	**deffroent**
Impersonal: **deffroid**	

PAST

deffrois	**deffroesom**
deffroist	**deffroesoch**
deffrôdd, deffroes	**deffroesant**
Impersonal: **deffrowyd, deffroed**	

PLUPERFECT

deffroeswn	**deffroesem**
deffroesit	**deffroesech**
deffroesai	**deffroesent**
Impersonal: **deffroesid**	

SUBJUNCTIVE PRESENT

deffrowyf	**deffrôm**
deffroych	**deffrôch**
deffrô	**deffrônt**
Impersonal: **deffroer**	

IMPERATIVE

- -	**deffrown**
deffro, deffroa	**deffrowch**
deffroed	**deffroent**
Impersonal: **deffroer**	

VERBAL ADJECTIVES

deffroëdig 'awakened, awake, alert'
deffroadwy 'that can be awakened'

95

derbyn
'receive'

PRESENT / FUTURE
derbyniaf	derbyniwn
derbyni	derbyniwch
derbyn,	derbyniant
derbynia	

Impersonal: **derbynnir**

IMPERFECT / CONDITIONAL
derbyniwn	derbyniem
derbynit	derbyniech
derbyniai	derbynient

Impersonal: **derbynnid**

PAST
derbyniais	derbyniasom
derbyniaist	derbyniasoch
derbyniodd	derbyniasant

Impersonal: **derbyniwyd**

PLUPERFECT
derbyniaswn	derbyniasem
derbyniasit	derbyniasech
derbyniasai	derbyniasent

Impersonal: **derbyniasid**

SUBJUNCTIVE PRESENT
derbyniwyf	derbyniom
derbyniech	derbynioch
derbynio	derbyniont

Impersonal: **derbynier**

IMPERATIVE
- -	derbyniwn
derbyn,	derbyniwch
derbynia	derbynient
derbynied	

Impersonal: **derbynier**

VERBAL ADJECTIVES
derbyniedig, derbynedig 'received, accepted, authorized, approved'
derbyniadwy, derbynadwy 'receivable, acceptable; permissible'

dianc
'escape'

Stem: **dihang-**

PRESENT/FUTURE

dihangaf	**dihangwn**
dihengi	**dihengwch,**
dianc	**dihangwch**
	dihangant

Impersonal: **dihengir**

IMPERFECT/CONDITIONAL

dihangwn	**dihangem**
dihangit	**dihangech**
dihangai	**dihangent**

Impersonal: **dihengid**

PAST

dihengais	**diangasom**
dihengaist	**diangasoch**
dihangodd	**diangasant**

Impersonal: **dihangwyd**

PLUPERFECT

diangaswn	**diangasem**
diangasit	**diangasech**
diangasai	**diangasent**

Impersonal: **dianghesid**

SUBJUNCTIVE PRESENT

dihangwyf	**dihangom**
dihengych	**dihangoch**
dihango	**dihangont**

Impersonal: **dihanger**

IMPERATIVE

- -	**dihangwn**
dianc,	**dihengwch,**
dihanga	**dihangwch**
dihanged	**dihangent**

Impersonal: **dihanger**

VERBAL ADJECTIVES

diangedig 'escaped'

PRESENT/FUTURE

dibynnaf	**dibynnwn**
dibynni	**dibynnwch**
dibynna	**dibynnant**

Impersonal: **dibynnir**

IMPERFECT/CONDITIONAL

dibynnwn	**dibynnem**
dibynnit	**dibynnech**
dibynnai	**dibynnent**

Impersonal: **dibynnid**

PAST

dibynnais	**dibynasom**
dibynnaist	**dibynasoch**
dibynnodd	**dibynasant**

Impersonal: **dibynnwyd**

PLUPERFECT

dibynaswn	**dibynasem**
dibynasit	**dibynasech**
dibynasai	**dibynasent**

Impersonal: **dibynasid, dibynesid**

SUBJUNCTIVE PRESENT

dibynnwyf	**dibynnom**
dibynnych	**dibynnoch**
dibynno	**dibynnont**

Impersonal: **dibynner**

IMPERATIVE

- -	**dibynnwn**
dibynna	**dibynnwch**
dibynned	**dibynnent**

Impersonal: **dibynner**

VERBAL ADJECTIVES
dibynedig 'hanging; dependent'
dibynadwy 'dependable'

diflannu
'disappear, vanish'

Stem: **diflann-**

PRESENT/FUTURE

diflannaf	diflannwn
diflanni	diflannwch
diflanna	diflannant

Impersonal: **diflannir**

IMPERFECT/CONDITIONAL

diflannwn	diflannem
diflannit	diflannech
diflannai	diflannent

Impersonal: **diflannid**

PAST

diflennais, diflannais	diflanasom
diflennaist,	diflanasoch
diflannaist	diflanasant
diflannodd	

Impersonal: **diflannwyd**

PLUPERFECT

diflanaswn	diflanasem
diflanasit	diflanasech
diflanasai	diflanasent

Impersonal: **diflanasid, diflanesid**

SUBJUNCTIVE PRESENT

diflannwyf	diflannom
diflannych	diflannoch
diflanno	diflannont

Impersonal: **diflanner**

IMPERATIVE

- -	diflannwn
diflanna	diflannwch
diflanned	diflannent

Impersonal: **diflanner**

VERBAL ADJECTIVES

diflanedig 'transient; disapppeared'
diflanadwy 'evanescent, perishable'

PRESENT/FUTURE

difyrraf	**difyrrwn**
difyrri	**difyrrwch**
difyrra	**difyrrant**

Impersonal: **difyrrir**

IMPERFECT/CONDITIONAL

difyrrwn	**difyrrem**
difyrrit	**difyrrech**
difyrrai	**difyrrent**

Impersonal: **difyrrid**

PAST

difyrrais	**difyrasom**
difyrraist	**difyrasoch**
difyrrodd	**difyrasant**

Impersonal: **difyrrwyd**

PLUPERFECT

difyraswn	**difyrasem**
difyrasit	**difyrasech**
difyrasai	**difyrasent**

Impersonal: **difyrasid, difyresid**

SUBJUNCTIVE PRESENT

difyrrwyf	**difyrrom**
difyrrych	**difyrroch**
difyrro	**difyrront**

Impersonal: **difyrrer**

IMPERATIVE

- -	**difyrrwn**
difyrra	**difyrrwch**
difyrred	**difyrrent**

Impersonal: **difyrrer**

VERBAL ADJECTIVES
difyredig 'entertained, amused'

diffodd, diffoddi
'extinguish, go out'

PRESENT/FUTURE

diffoddaf	diffoddwn
diffoddi	diffoddwch
diffydd	diffoddant

Impersonal: **diffoddir**

IMPERFECT/CONDITIONAL

diffoddwn	diffoddem
diffoddit	diffoddech
diffoddai	diffoddent

Impersonal: **diffoddid**

PAST

diffoddais	diffoddasom
diffoddaist	diffoddasoch
diffoddodd	diffoddasant

Impersonal: **diffoddwyd**

PLUPERFECT

diffoddaswn	diffoddasem
diffoddasit	diffoddasech
diffoddasai	diffoddasent

Impersonal: **diffoddasid, diffoddesid**

SUBJUNCTIVE PRESENT

diffoddwyf	diffoddom
diffoddych	diffoddoch
diffoddo	diffoddont

Impersonal: **diffodder**

IMPERATIVE

- -	diffoddwn
diffodd	diffoddwch
diffodded	diffoddent

Impersonal: **diffodder**

VERBAL ADJECTIVES

diffoddedig 'extinguished, extinct'
diffoddadwy 'extinguishable'

PRESENT/FUTURE

digwyddaf	**digwyddwn**
digwyddi	**digwyddwch**
digwydd	**digwyddant**

Impersonal: **digwyddir**

IMPERFECT/CONDITIONAL

digwyddwn	**digwyddem**
digwyddit	**digwyddech**
digwyddai	**digwyddent**

Impersonal: **digwyddid**

PAST

digwyddais	**digwyddasom**
digwyddaist	**digwyddasoch**
digwyddodd	**digwyddasant**

Impersonal: **digwyddwyd**

PLUPERFECT

digwyddaswn	**digwyddasem**
digwyddasit	**digwyddasech**
digwyddasai	**digwyddasent**

Impersonal: **digwyddasid, digwyddesid**

SUBJUNCTIVE PRESENT

digwyddwyf	**digwyddom**
digwyddych	**digwyddoch**
digwyddo	**digwyddont**

Impersonal: **digwydder**

IMPERATIVE

- -	**digwyddwn**
digwydd	**digwyddwch**
digwydded	**digwyddent**

Impersonal: **digwydder**

VERBAL ADJECTIVES

digwyddedig 'happening; following; fallen'
digwyddadwy 'that can fall'

dileu
'delete, abolish, exterminate'

PRESENT/FUTURE

dileaf	dilewn
dilei	dilewch
dilea	dileant

Impersonal: **dilëir**

IMPERFECT/CONDITIONAL

dilewn	dileem
dileit	dileech
dileai	dileent

Impersonal: **dilëid**

PAST

dileais	dileasom
dileaist	dileasoch
dileodd	dileasant

Impersonal: **dilewyd**

PLUPERFECT

dileaswn	dileasem
dileasit	dileasech
dileasai	dileasent

Impersonal: **dileasid, dileesid**

SUBJUNCTIVE PRESENT

dilewyf	dileom
dileych	dileoch
dileo	dileont

Impersonal: **dileer**

IMPERATIVE

- -	dilewn
dilea	dilewch
dileed	dileent

Impersonal: **dileer**

VERBAL ADJECTIVES

dileedig 'deleted'
dileadwy 'that can be deleted, able to delete'

PRESENT/FUTURE
dilynaf   dilynwn
dilyni   dilynwch
dilyn, dilyna   dilynant
Impersonal: **dilynir**

IMPERFECT/CONDITIONAL
dilynwn   dilynem
dilynit   dilynech
dilynai   dilynent
Impersonal: **dilynid**

PAST
dilynais   dilynasom
dilynaist   dilynasoch
dilynodd   dilynasant
Impersonal: **dilynwyd**

PLUPERFECT
dilynaswn   dilynasem
dilynasit   dilynasech
dilynasai   dilynasent
Impersonal: **dilynesid**

SUBJUNCTIVE PRESENT
dilynwyf   dilynom
dilynych   dilynoch
dilyno   dilynont
Impersonal: **dilyner**

IMPERATIVE
--   dilynwn
dilyna   dilynwch
dilyned   dilynent
Impersonal: **dilyner**

VERBAL ADJECTIVES
dilynedig 'followed'
dilynadwy 'consequential'

PRESENT / FUTURE

diolchaf	diolchwn
diolchi	diolchwch
(obs.) diylch,	diolchant
diolch,	
diolcha	

Impersonal: **diolchir**

IMPERFECT / CONDITIONAL

diolchwn	diolchem
diolchit	diolchech
diolchai	diolchent

Impersonal: **diolchid**

PAST

diolchais	diolchasom
diolchaist	diolchasoch
diolchodd	diolchasant

Impersonal: **diolchwyd**

PLUPERFECT

diolchaswn	diolchasem
diolchasit	diolchasech
diolchasai	diolchasent

Impersonal: **diolchasid, diolchesid**

SUBJUNCTIVE PRESENT

diolchwyf	diolchom
diolchych	diolchoch
diolcho	diolchont

Impersonal: **diolcher**

IMPERATIVE

- -	diolchwn
diolcha	diolchwch
diolched	diolchent

Impersonal: **diolcher**

VERBAL ADJECTIVES
- -

PRESENT/FUTURE

disgwyliaf	**disgwyliwn**
disgwyli	**disgwyliwch**
disgwyl, disgwylia	**disgwyliant**

Impersonal: **disgwylir**

IMPERFECT/CONDITIONAL

disgwyliwn	**disgwyliem**
disgwylit	**disgwyliech**
disgwyliai	**disgwylient**

Impersonal: **disgwylid**

PAST

disgwyliais	**disgwyliasom**
disgwyliaist	**disgwyliasoch**
disgwyliodd	**disgwyliasant**

Impersonal: **disgwyliwyd**

PLUPERFECT

disgwyliaswn	**disgwyliasem**
disgwyliasit	**disgwyliasech**
disgwyliasai	**disgwyliasent**

Impersonal: **disgwyliasid, disgwyliesid**

SUBJUNCTIVE PRESENT

disgwyliwyf	**disgwyliom**
disgwyliech	**disgwylioch**
disgwylio	**disgwyliont**

Impersonal: **disgwylier**

IMPERATIVE

- -	**disgwyliwn**
disgwyl, disgwylia	**disgwyliwch**
disgwylied	**disgwylient**

Impersonal: **disgwylier**

VERBAL ADJECTIVES

disgwyliedig 'awaited, expected'
disgwyliadwy, disgwyladwy 'expected, expectant'

disgyn
'descend'

PRESENT/FUTURE

disgynnaf	disgynnwn
disgynni	disgynnwch
disgyn	disgynnant

Impersonal: **disgynnir**

IMPERFECT/CONDITIONAL

disgynnwn	disgynnem
disgynnit	disgynnech
disgynnai	disgynnent

Impersonal: **disgynnid**

PAST

disgynnais	disgynasom
disgynnaist	disgynasoch
disgynnodd	disgynasant

Impersonal: **disgynnwyd**

PLUPERFECT

disgynaswn	disgynasem
disgynasit	disgynasech
disgynasai	disgynasent

Impersonal: **disgynasid, disgynesid**

SUBJUNCTIVE PRESENT

disgynnwyf	disgynnom
disgynnych	disgynnoch
disgynno	disgynnont

Impersonal: **disgynner**

IMPERATIVE

- -	disgynnwn
disgyn	disgynnwch
disgynned	disgynnent

Impersonal: **disgynner**

VERBAL ADJECTIVES

disgynedig 'descended, derived (from); reduced'
disgynadwy 'descendable, falling'

PRESENT/FUTURE

diystyraf	diystyrwn
diystyri	diystyrwch
diystyra	diystyrant

Impersonal: **diystyrir**

IMPERFECT/CONDITIONAL

diystyrwn	diystyrem
diystyrit	diystyrech
diystyrai	diystyrent

Impersonal: **diystyrid**

PAST

diystyrais	diystyrasom
diystyraist	diystyrasoch
diystyrodd	diystyrasant

Impersonal: **diystyrwyd**

PLUPERFECT

diystyraswn	diystyrasem
diystyrasit	diystyrasech
diystyrasai	diystyrasent

Impersonal: **diystyrasid, diystyresid**

SUBJUNCTIVE PRESENT

diystyrwyf	diystyrom
diystyrych	diystyroch
diystyro	diystyront

Impersonal: **diystyrer**

IMPERATIVE

- -	diystyrwn
diystyra	diystyrwch
diystyred	diystyrent

Impersonal: **diystyrer**

VERBAL ADJECTIVES
diystyredig 'despised, condemned'

dodi
'place, give'

PRESENT/FUTURE

dodaf	dodwn
dodi	dodwch
dŷd, doda	dodant

Impersonal: **dodir**

IMPERFECT/CONDITIONAL

dodwn	dodem
dodit	dodech
dodai	dodent

Impersonal: **dodid**

PAST

dodais	dodasom
dodaist	dodasoch
dododd	dodasant

Impersonal: **dodwyd**

PLUPERFECT

dodaswn	dodasem
dodasit	dodasech
dodasai	dodasent

Impersonal: **dodasid, dodesid**

SUBJUNCTIVE PRESENT

dodwyf	dodom
dodych	dodoch
dodo	dodont

Impersonal: **doder**

IMPERATIVE

- -	dodwn
dod, doda	dodwch
doded	dodent

Impersonal: **doder**

VERBAL ADJECTIVES
dodedig 'set, imposed, given'

PRESENT/FUTURE

dywedaf	**dywedwn**
dywedi	**dywedwch**
dywed	**dywedant**

Impersonal: **dywedir**

IMPERFECT/CONDITIONAL

dywedwn	**dywedem**
dywedit	**dywedech**
dywedai	**dywedent**

Impersonal: **dywedid**

PAST

dywedais	**dywedasom**
dywedaist	**dywedasoch**
(obs.) **dywod,**	**dywedasant**
dywedodd	

Impersonal: **dywedwyd**

PLUPERFECT

dywedaswn	**dywedasem**
dywedasit	**dywedasech**
dywedasai	**dywedasent**

Impersonal: **dywedasid, dywedesid**

SUBJUNCTIVE PRESENT

dywedwyf	**dywedom**
dywedych	**dywedoch**
dywedo	**dywedont**

Impersonal: **dyweder**

IMPERATIVE

- -	**dywedwn**
dywed, dyweda	**dywedwch**
dyweded	**dywedent**

Impersonal: **dyweder**

VERBAL ADJECTIVES

dywededig 'afore-mentioned; spoken, said'
dywedadwy 'that can be said'

111

dwyn
'lead, take, bring, steal'

PRESENT/FUTURE

dygaf	**dygwn**
dygi	**dygwch**
dwg	**dygant**

Impersonal: **dygir**

IMPERFECT/CONDITIONAL

dygwn	**dygem**
dygit	**dygech**
dygai	**dygent**

Impersonal: **dygid**

PAST

dygais	**dygasom**
dygaist	**dygasoch**
(obs.) **dug,**	**dygasant**
dygodd	

Impersonal: **dygwyd, dycpwyd, ducpwyd**

PLUPERFECT

dygaswn	**dygasem**
dygasit	**dygasech**
dygasai	**dygasent**

Impersonal: **dygasid, dygesid**

SUBJUNCTIVE PRESENT

dygwyf	**dygom**
dygech	**dygoch**
dygo, dyco	**dygont**

Impersonal: **dyger**

IMPERATIVE

- -	**dygwn**
dwg	**dygwch**
dyged	**dygent**

Impersonal: **dyger**

VERBAL ADJECTIVES

dygiedig 'brought forth'; (gram.) 'derived'
dygiadwy 'portable'

PRESENT / FUTURE

dychlamaf	dychlamwn
dychlemi	dychlemwch,
dychleim,	dychlamwch
dychlama	dychlamant

Impersonal: **dychlemir**

IMPERFECT / CONDITIONAL

dychlamwn	dychlamem
dychlamit	dychlamech
dychlamai	dychlament

Impersonal: **dychlemid**

PAST

dychlemais	dychlamasom
dychlemaist	dychlamasoch
dychlamodd	dychlamasant

Impersonal: **dychlamwyd**

PLUPERFECT

dychlamaswn	dychlamasem
dychlamasit	dychlamasech
dychlamasai	dychlamasent

Impersonal: **dychlamasid, dychlamesid**

SUBJUNCTIVE PRESENT

dychlamwyf	dychlamom
dychlemych	dychlamoch
dychlamo	dychlamont

Impersonal: **dychlamer**

IMPERATIVE

- -	dychlamwn
dychlama	dychlemwch,
dychlamed	dychlamwch
	dychlament

Impersonal: **dychlamer**

VERBAL ADJECTIVES

- -

dychryn
'frighten, be frightened'   Stem: **dychryn-**

PRESENT/FUTURE
dychrynaf   dychrynwn
dychryni   dychrynwch
dychryn, dychryna   dychrynant
Impersonal: **dychrynir**

IMPERFECT/CONDITIONAL
dychrynwn   dychrynem
dychrynit   dychrynech
dychrynai   dychrynent
Impersonal: **dychrynid**

PAST
dychrynais   dychrynasom
dychrynaist   dychrynasoch
dychrynodd   dychrynasant
Impersonal: **dychrynwyd**

PLUPERFECT
dychrynaswn   dychrynasem
dychrynasit   dychrynasech
dychrynasai   dychrynasent
Impersonal: **dychrynasid**

SUBJUNCTIVE PRESENT
dychrynwyf   dychrynom
dychrynych   dychrynoch
dychryno   dychrynont
Impersonal: **dychryner**

IMPERATIVE
- -   dychrynwn
dychryn, dychryna   dychrynwch
dychryned   dychrynent
Impersonal: **dychryner**

VERBAL ADJECTIVES
dychrynedig 'frightened, frightening'
dychrynadwy 'horrible, terrible, that can be frightened'

PRESENT / FUTURE
- -
- -
dyddia

IMPERFECT / CONDITIONAL
- -
- -
dyddiai

PAST
- -
- -
dyddiodd

dyfod, dod, dŵad
'come'   Stem: **deu-, del-; daeth-; dels-**

PRESENT/FUTURE

dof, deuaf	**down, deuwn**
doi, deui	**dewch, dowch,**
daw, dêl	**deuwch**
	dônt, deuant

Impersonal: **deuir, doir**

IMPERFECT/CONDITIONAL

deuwn, down	**deuem, doem**
deuit, deuet, doit	**deuech, doech**
deuai, dôi	**deuent, doent**

Impersonal: **deuid, doid**

PAST

deuthum	**daethom**
daethost	**daethoch**
(obs.) **doeth, daeth**	**daethont, daethant**

Impersonal: **daethpwyd, deuwyd, doed, dowd**

PLUPERFECT

daethwn	**daethem**
daethit	**daethech**
daethai	**daethent**

Impersonal: **daethid**

SUBJUNCTIVE PRESENT

delwyf	**delom**
delych, delech	**deloch**
dêl, delo	**delont**

Impersonal: **deler**

SUBJUNCTIVE IMPERFECT

delwn	**delem**
delit	**delech**
delai	**delent**

Impersonal: **delid**

IMPERATIVE

- -	**deuwn, down**
(South Wales) **dere;**	**deuwch, dowch,**
(North Wales)	**dewch**
tyred, tyrd	**deuent, doent,**
deued, doed, deled	**delent**

Impersonal: **deuer, doer, deler**

VERBAL ADJECTIVES

dyfodol 'future, coming'

dylu
'ought, should; owe' (imperfect, pluperfect only)   Stem: **dyl-**

IMPERFECT / CONDITIONAL

dylwn	**dylem**
dylit, dylet	**dylech**
dylai	**dylent**

Impersonal: **dylid**

PLUPERFECT

dylswn,	**dylsem,**
dylaswn	**dylasem**
dylset,	**dylsech,**
dylasit	**dylasech**
dylsai,	**dylsent,**
dylasai	**dylasent**

Impersonal: **dylasid, dylsid**

VERBAL ADJECTIVES

dyledig 'worthy, fitting'
dyladwy 'proper, suitable, worthy'

PRESENT / FUTURE

dyrchafaf	**dyrchafwn**
dyrchefi	**dyrchefwch**
(obs.) **dyrchaif,**	**dyrchafant**
dyrchafa	

Impersonal: **dyrchefir**

IMPERFECT / CONDITIONAL

dyrchafwn	**dyrchafem**
dyrchafit	**dyrchafech**
dyrchafai	**dyrchafent**

Impersonal: **dyrchefid**

PAST

dyrchefais	**dyrchafasom**
dyrchefaist	**dyrchafasoch**
dyrchafodd	**dyrchafasant**

Impersonal: **dyrchafwyd**

PLUPERFECT

dyrchafaswn	**dyrchafasem**
dyrchafasit	**dyrchafasech**
dyrchafasai	**dyrchafasent**

Impersonal: **dyrchafasid, dyrchafesid**

SUBJUNCTIVE PRESENT

dyrchafwyf	**dyrchafom**
dyrchefych	**dyrchafoch**
dyrchafo	**dyrchafont**

Impersonal: **dyrchafer**

IMPERATIVE

- -	**dyrchafwn**
dyrchafa	**dyrchefwch,**
dyrchafed	**dyrchafwch**
	dyrchafent

Impersonal: **dyrchafer**

VERBAL ADJECTIVES
dyrchafedig 'elevated, exalted'
dyrchafadwy 'laudable, excellent, exalted'

PRESENT/FUTURE

dysgaf	**dysgwn**
dysgi	**dysgwch**
dysg	**dysgant**

Impersonal: **dysgir**

IMPERFECT/CONDITIONAL

dysgwn	**dysgem**
dysgit	**dysgech**
dysgai	**dysgent**

Impersonal: **dysgid**

PAST

dysgais	**dysgasom**
dysgaist	**dysgasoch**
dysgodd	**dysgasant**

Impersonal: **dysgwyd**

PLUPERFECT

dysgaswn	**dysgasem**
dysgasit	**dysgasech**
dysgasai	**dysgasent**

Impersonal: **dysgasid, dysgesid**

SUBJUNCTIVE PRESENT

dysgwyf	**dysgom**
dysgych	**dysgoch**
dysgo	**dysgont**

Impersonal: **dysger**

IMPERATIVE

- -	**dysgwn**
dysg, dysga	**dysgwch**
dysged	**dysgent**

Impersonal: **dysger**

VERBAL ADJECTIVES

dysgedig 'learned, erudite'
dysgadwy 'that can be learned or taught'

ennill
'win, gain'

Stem: **enill-**

PRESENT/FUTURE
enillaf	enillwn
enilli	enillwch
ennill	enillant

Impersonal: **enillir**

IMPERFECT/CONDITIONAL
enillwn	enillem
enillit	enillech
enillai	enillent

Impersonal: **enillid**

PAST
enillais	enillasom
enillaist	enillasoch
enillodd	enillasant

Impersonal: **enillwyd**

PLUPERFECT
enillaswn	enillasem
enillasit	enillasech
enillasai	enillasent

Impersonal: **enillasid, enillesid**

SUBJUNCTIVE PRESENT
enillwyf	enillom
enillych	enilloch
enillo	enillont

Impersonal: **eniller**

IMPERATIVE
- -	enillwn
ennill, enilla	enillwch
enilled	enillent

Impersonal: **eniller**

VERBAL ADJECTIVES
enilledig 'won, earned, gained'
enilladwy 'that can be earned or won'

PRESENT/FUTURE

enynnaf	enynnwn
enynni	enynnwch
ennyn,	enynnant
enynna	

Impersonal: **enynnir**

IMPERFECT/CONDITIONAL

enynnwn	enynnem
enynnit	enynnech
enynnai	enynnent

Impersonal: **enynnid**

PAST

enynnais	enynasom
enynnaist	enynasoch
enynnodd	enynasant

Impersonal: **enynnwyd**

PLUPERFECT

enynaswn	enynasem
enynasit	enynasech
enynasai	enynasent

Impersonal: **enynasid, enynesid**

SUBJUNCTIVE PRESENT

enynnwyf	enynnom
enynnych	enynnoch
enynno	enynnont

Impersonal: **enynner**

IMPERATIVE

- -	enynnwn
ennyn,	enynnwch
enynna	enynnent
enynned	

Impersonal: **enynner**

VERBAL ADJECTIVES

enynedig 'kindled, inflamed; incensed'

123

erchi
'ask, command'

Stem: **arch-**

PRESENT / FUTURE

archaf	archwn
erchi	erchwch,
eirch	archwch
	archant

Impersonal: **erchir**

IMPERFECT / CONDITIONAL

archwn	archem
archit	archech
archai	archent

Impersonal: **erchid**

PAST

erchais, archais	archasom
erchaist, archaist	archasoch
archodd	archasant

Impersonal: **archwyd**

PLUPERFECT

archaswn	archasem
archasit	archasech
archasai	archasent

Impersonal: **archasid, archesid**

SUBJUNCTIVE PRESENT

archwyf	archom
archych	archoch
archo	archont

Impersonal: **archer**

IMPERATIVE

- -	archwn
archa	archwch
arched	archent

Impersonal: **archer**

VERBAL ADJECTIVES
archedig 'ordered, under orders'
archadwy 'orderable'; (gram.) 'imperative'

124

PRESENT/FUTURE

erfyniaf	erfyniwn
erfyni,	erfyniwch
erfynni	erfyniant
erfyn	

Impersonal: **erfynnir**

IMPERFECT/CONDITIONAL

erfyniwn	erfyniem
erfynnit	erfyniech
erfyniai	erfynient

Impersonal: **erfynnid**

PAST

erfyniais	erfyniasom
erfyniaist	erfyniasoch
erfyniodd	erfyniasant

Impersonal: **erfyniwyd**

PLUPERFECT

erfyniaswn	erfyniasem
erfyniasit	erfyniasech
erfyniasai	erfyniasent

Impersonal: **erfyniasid, erfyniesid**

SUBJUNCTIVE PRESENT

erfyniwyf	erfyniom
erfyniech	erfynioch
erfynio	erfyniont

Impersonal: **erfynier**

IMPERATIVE

- -	erfyniwn
erfyn	erfyniwch
erfynied	erfynient

Impersonal: **erfynier**

VERBAL ADJECTIVES

erfynedig, erfyniedig 'earnestly desired, required'

PRESENT/FUTURE

erlynaf	erlynwn
erlyni	erlynwch
erlyn, erlyna	erlynant

Impersonal: **erlynir**

IMPERFECT/CONDITIONAL

erlynwn	erlynem
erlynit	erlynech
erlynai	erlynent

Impersonal: **erlynid**

PAST

erlynais	erlynasom
erlynaist	erlynasoch
erlynodd	erlynasant

Impersonal: **erlynwyd**

PLUPERFECT

erlynaswn	erlynasem
erlynasit	erlynasech
erlynasai	erlynasent

Impersonal: **erlynasid, erlynesid**

SUBJUNCTIVE PRESENT

erlynwyf	erlynom
erlynych	erlynoch
erlyno	erlynont

Impersonal: **erlyner**

IMPERATIVE

- -	erlynwn
erlyna	erlynwch
erlyned	erlynent

Impersonal: **erlyner**

VERBAL ADJECTIVES

erlynedig 'pursued, prosecuted'
erlynadwy 'that can be pursued or prosecuted'

PRESENT/FUTURE

esgynnaf	esgynnwn
esgynni	esgynnwch
esgyn, esgynna	esgynnant

Impersonal: **esgynnir**

IMPERFECT/CONDITIONAL

esgynnwn	esgynnem
esgynnit	esgynnech
esgynnai	esgynnent

Impersonal: **esgynnid**

PAST

esgynnais	esgynasom
esgynnaist	esgynasoch
esgynnodd	esgynasant

Impersonal: **esgynnwyd**

PLUPERFECT

esgynaswn	esgynasem
esgynasit	esgynasech
esgynasai	esgynasent

Impersonal: **esgynasid, esgynesid**

SUBJUNCTIVE PRESENT

esgynnwyf	esgynnom
esgynnych	esgynnoch
esgynno	esgynnont

Impersonal: **esgynner**

IMPERATIVE

- -	esgynnwn
esgyn	esgynnwch
esgynned	esgynnent

Impersonal: **esgynner**

VERBAL ADJECTIVES

esgynedig 'ascended, risen'; (gram.) 'rising (diphthong)'
esgynadwy 'ascendable, that can be climbed'

estyn
'reach, pass, stretch, hand'

Stem: **estynn-**

PRESENT/FUTURE
estynnaf	estynnwn
estynni	estynnwch
estyn,	estynnant
estynna	

Impersonal: **estynnir**

IMPERFECT/CONDITIONAL
estynnwn	estynnem
estynnit	estynnech
estynnai	estynnent

Impersonal: **estynnid**

PAST
estynnais	estynasom
estynnaist	estynasoch
estynnodd	estynasant

Impersonal: **estynnwyd**

PLUPERFECT
estynaswn	estynasem
estynasit	estynasech
estynasai	estynasent

Impersonal: **estynasid, estynesid**

SUBJUNCTIVE PRESENT
estynnwyf	estynnom
estynnych	estynnoch
estynno	estynnont

Impersonal: **estynner**

IMPERATIVE
- -	estynnwn
estyn	estynnwch
estynned	estynnent

Impersonal: **estynner**

VERBAL ADJECTIVES
estynedig 'extended, outstretched'
estynadwy 'extensible, ductile'

128

PRESENT/FUTURE

ffoaf	**ffown**
ffoi	**ffowch**
ffy, ffoa	**ffoant**

Impersonal: **ffoir**

IMPERFECT/CONDITIONAL

ffown	**ffoem**
ffoit	**ffoech**
ffôi	**ffoent**

Impersonal: **ffoid**

PAST

ffois, ffoais	**ffoesom**
ffoist	**ffoesoch**
ffodd, ffoes	**ffoesant**

Impersonal: **ffowyd, ffoed**

PLUPERFECT

ffoeswn	**ffoesem**
ffoesit	**ffoesech**
ffoesai	**ffoesent**

Impersonal: **ffoesid**

SUBJUNCTIVE PRESENT

ffowyf	**ffôm**
ffoych	**ffôch**
ffo	**ffônt**

Impersonal: **ffoer**

IMPERATIVE

- -	**ffown**
ffo, ffoa	**ffowch**
ffoed	**ffoent**

Impersonal: **ffoer**

VERBAL ADJECTIVES

ffoëdig 'fugitive, fleeing; transitory'
ffoadwy 'capable of retreating'

ffraeo
(North Wales) 'quarrel'

Stem: **ffrae-**

PRESENT / FUTURE

ffraeaf	ffraewn
ffraei	ffraewch
ffraea	ffraeant

Impersonal: **ffraeir**

IMPERFECT / CONDITIONAL

ffraewn	ffraeem
ffraeit	ffraeech
ffraeai	ffraeent

Impersonal: **ffraeid**

PAST

ffraeais	ffraeasom
ffraeaist	ffraeasoch
ffraeodd	ffraeasant

Impersonal: **ffraewyd**

PLUPERFECT

ffraeaswn	ffraeasem
ffraeasit	ffraeasech
ffraeasai	ffraeasent

Impersonal: **ffraeasid, ffraeesid**

SUBJUNCTIVE PRESENT

ffraewyf	ffraeom
ffraeych	ffraeoch
ffraeo	ffraeont

Impersonal: **ffraeer**

IMPERATIVE

- -	ffraewn
ffraea	ffraewch
ffraeed	ffraeent

Impersonal: **ffraeer**

VERBAL ADJECTIVES

- -

130

PRESENT/FUTURE
ffynnaf	ffynnwn
ffynni	ffynnwch
ffynna	ffynnant

Impersonal: **ffynnir**

IMPERFECT/CONDITIONAL
ffynnwn	ffynnem
ffynnit	ffynnech
ffynnai	ffynnent

Impersonal: **ffynnid**

PAST
ffynnais	ffynasom
ffynnaist	ffynasoch
ffynnodd	ffynasant

Impersonal: **ffynnwyd**

PLUPERFECT
ffynaswn	ffynasem
ffynasit	ffynasech
ffynasai	ffynasent

Impersonal: **ffynasid, ffynesid**

SUBJUNCTIVE PRESENT
ffynnwyf	ffynnom
ffynnych	ffynnoch
ffynno	ffynnont

Impersonal: **ffynner**

IMPERATIVE
- -	ffynnwn
ffynna	ffynnwch
ffynned	ffynnent

Impersonal: **ffynner**

VERBAL ADJECTIVES
ffynedig 'thriving, lucky'
ffynadwy, ffyniadwy 'prosperous, lucky'

gadael
'leave, allow, desert' Stem: **gadaw-**

PRESENT/FUTURE

gadawaf	gadawn
gadewi	gadewch
gedy	gadawant

Impersonal: **gadewir**

IMPERFECT/CONDITIONAL

gadawn	gadawem
gadawit	gadawech
gadawai	gadawent

Impersonal: **gadewid**

PAST

gadewais	gadawsom
gadewaist	gadawsoch
gadawodd	gadawsant

Impersonal: **gadawyd**

PLUPERFECT

gadawswn	gadawsem
gadawsit	gadawsech
gadawsai	gadawsent

Impersonal: **gadawsid, gadewsid**

SUBJUNCTIVE PRESENT

gadawyf	gadawom
gadewych,	gadawoch
gadawech	gadawont
gato, gadawo	

Impersonal: **gadawer**

IMPERATIVE

- -	gadawn
gad	gadewch
gadawed	gadawent

Impersonal: **gadawer**

VERBAL ADJECTIVES

gadawedig 'departed, abandoned; derelict'
gadawadwy 'that can be left'

132

PRESENT / FUTURE

gafaelaf	gafaelwn
gafaeli	gafaelwch
gafael,	gafaelant
gafaela	

Impersonal: **gafaelir**

IMPERFECT / CONDITIONAL

gafaelwn	gafaelem
gafaelit	gafaelech
gafaelai	gafaelent

Impersonal: **gafaelid**

PAST

gafaelais	gafaelasom
gafaelaist	gafaelasoch
gafaelodd	gafaelasant

Impersonal: **gafaelwyd**

PLUPERFECT

gafaelaswn	gafaelasem
gafaelasit	gafaelasech
gafaelasai	gafaelasent

Impersonal: **gafaelasid, gafaelesid**

SUBJUNCTIVE PRESENT

gafaelwyf	gafaelom
gafaelych	gafaeloch
gafaelo	gafaelont

Impersonal: **gafaeler**

IMPERATIVE

- -	gafaelwn
gafael	gafaelwch
gafaeled	gafaelent

Impersonal: **gafaeler**

VERBAL ADJECTIVES
gafaeladwy 'graspable, available'

PRESENT / FUTURE

galwaf	**galwn**
gelwi	**gelwch, galwch**
geilw	**galwant**

Impersonal: **gelwir**

IMPERFECT / CONDITIONAL

galwn	**galwem**
galwit	**galwech**
galwai	**galwent**

Impersonal: **gelwid**

PAST

gelwais	**galwasom**
gelwaist	**galwasoch**
galwodd	**galwasant**

Impersonal: **galwyd**

PLUPERFECT

galwaswn	**galwasem**
galwasit	**galwasech**
galwasai	**galwasent**

Impersonal: **galwasid, galwesid**

SUBJUNCTIVE PRESENT

galwyf	**galwom**
gelwych	**galwoch**
galwo	**galwont**

Impersonal: **galwer**

IMPERATIVE

- -	**galwn**
galw, galwa	**gelwch, galwch**
galwed	**galwent**

Impersonal: **galwer**

VERBAL ADJECTIVES

galwedig 'called, named'
galwadwy 'revocable'

PRESENT/FUTURE
gallaf	gallwn
gelli	gellwch, gallwch
gall, geill	gallant

Impersonal: **gellir**

IMPERFECT/CONDITIONAL
gallwn	gallem
gallit	gallech
gallai	gallent

Impersonal: **gellid**

PAST
gellais	gallasom
gellaist	gallasoch
gallodd	gallasant

Impersonal: **gallwyd**

PLUPERFECT
gallaswn	gallasem
gallasit	gallasech
gallasai	gallasent

Impersonal: **gallesid**

SUBJUNCTIVE PRESENT
gallwyf	gallom
gellych	galloch
gallo	gallont

Impersonal: **galler**

IMPERATIVE
- -	gallwn
gall	gellwch, gallwch
galled	gallent

Impersonal: **galler**

VERBAL ADJECTIVES
galluedig, galledig 'possible'
galluadwy, galladwy 'possible, feasible, potential'

135

geni
'be born'

PRESENT
Impersonal: **genir**

IMPERFECT
Personal: **genid**

PAST
Impersonal: **ganed, ganwyd**

PLUPERFECT
Impersonal: **ganesid**

SUBJUNCTIVE PRESENT
Impersonal: **ganer**

VERBAL ADJECTIVES
ganedig, genedigol 'born; native'
cyntaf-anedig 'first-born'
marw-anedig 'still-born'

Stem: **gann-**

(obs.) genni
'be contained'

PRESENT/FUTURE
gannaf	gannwn
genni	gennwch
gain	gannant

Impersonal: **gennir**

IMPERFECT/CONDITIONAL
gannwn	gannem
gannit	gannech
gannai	gannent

Impersonal: **gennid**

PAST
gennais	ganasom
gennaist	ganasoch
gannodd	ganasant

Impersonal: **gannwyd**

PLUPERFECT
ganaswn	gannasem
ganasit	ganasech
ganasai	ganasent

Impersonal: **ganasid, ganesid**

SUBJUNCTIVE PRESENT
gannwyf	gannom
gennych	gannoch
ganno	gannont

Impersonal: **ganner**

IMPERATIVE
- -	gannwn
gann	gennwch
ganned	gannent

Impersonal: **ganner**

VERBAL ADJECTIVES
- -

glanhau
'clean, cleanse, purify'   Stem: **glanha-**

PRESENT / FUTURE
glanhaf	glanhawn
glanhei	glanhewch, glanhawch
glanha	glanhânt

Impersonal: **glanheir**

IMPERFECT / CONDITIONAL
glanhawn	glanhaem
glanhait	glanhaech
glanhâi	glanhaent

Impersonal: **glanheid**

PAST
glanheais	glanhasom
glanheaist	glanhasoch
glanhaodd	glanhasant

Impersonal: **glanhawyd**

PLUPERFECT
glanhaswn	glanhasem
glanhasit	glanhasech
glanhasai	glanhasent

Impersonal: **glanhesid, glanhasid**

SUBJUNCTIVE PRESENT
glanhawyf	glanhaom
glanheych, glanhaech	glanhaoch
glanhao	glanhaont

Impersonal: **glanhaer**

IMPERATIVE
- -	glanhawn
glanha	glanhewch, glanhawch
glanhaed	glanhaent

Impersonal: **glanhaer**

VERBAL ADJECTIVES
glanhadwy 'cleanable'
glanhaol 'cleansing, purifying'

PRESENT/FUTURE

glynaf	**glynwn**
glyni	**glynwch**
glŷn	**glynant**

Impersonal: **glynir**

IMPERFECT/CONDITIONAL

glynwn	**glynem**
glynit	**glynech**
glynai	**glynent**

Impersonal: **glynid**

PAST

glynais	**glynasom**
glynaist	**glynasoch**
glynodd	**glynasant**

Impersonal: **glynwyd**

PLUPERFECT

glynaswn	**glynasem**
glynasit	**glynasech**
glynasai	**glynasent**

Impersonal: **glynasid, glynesid**

SUBJUNCTIVE PRESENT

glynwyf	**glynom**
glynych	**glynoch**
glyno	**glynont**

Impersonal: **glyner**

IMPERATIVE

- -	**glynwn**
glŷn, glyna	**glynwch**
glyned	**glynent**

Impersonal: **glyner**

VERBAL ADJECTIVES

glynedig 'stuck, sticking, sticky'
glynadwy 'stickable'

gofyn
'ask, request'

PRESENT/FUTURE

gofynnaf	gofynnwn
gofynni	gofynnwch
gofyn	gofynnant

Impersonal: **gofynnir**

IMPERFECT/CONDITIONAL

gofynnwn	gofynnem
gofynnit	gofynnech
gofynnai	gofynnent

Impersonal: **gofynnid**

PAST

gofynnais	gofynasom
gofynnaist	gofynasoch
gofynnodd	gofynasant

Impersonal: **gofynnwyd**

PLUPERFECT

gofynaswn	gofynasem
gofynasit	gofynasech
gofynasai	gofynasent

Impersonal: **gofynasid, gofynesid**

SUBJUNCTIVE PRESENT

gofynnwyf	gofynnom
gofynnych	gofynnoch
gofynno	gofynnont

Impersonal: **gofynner**

IMPERATIVE

- -	gofynnwn
gofyn,	gofynnwch
gofynna	gofynnent
gofynned	

Impersonal: **gofynner**

VERBAL ADJECTIVES

gofynedig 'asked for, requested, necessary'
gofynadwy 'that can or must be asked'

140

PRESENT/FUTURE

golchaf	**golchwn**
golchi	**golchwch**
gylch	**golchant**

Impersonal: **golchir**

IMPERFECT/CONDITIONAL

golchwn	**golchem**
golchit	**golchech**
golchai	**golchent**

Impersonal: **golchid**

PAST

golchais	**golchasom**
golchaist	**golchasoch**
golchodd	**golchasant**

Impersonal: **golchwyd**

PLUPERFECT

golchaswn	**golchasem**
golchasit	**golchasech**
golchasai	**golchasent**

Impersonal: **golchasid, golchesid**

SUBJUNCTIVE PRESENT

golchwyf	**golchom**
golchych	**golchoch**
golcho	**golchont**

Impersonal: **golcher**

IMPERATIVE

- -	**golchwn**
golch,	**golchwch**
golcha	**golchent**
golched	

Impersonal: **golcher**

VERBAL ADJECTIVES

golchedig 'cleansed, purified'
golchadwy 'washable'

gollwng
'release'

PRESENT/FUTURE

gollyngaf	gollyngwn
gollyngi	gollyngwch
gollwng, gollynga	gollyngant

Impersonal: **gollyngir**

IMPERFECT/CONDITIONAL

gollyngwn	gollyngem
gollyngit	gollyngech
gollyngai	gollyngent

Impersonal: **gollyngid**

PAST

gollyngais	gollyngasom
gollyngaist	gollyngasoch
gollyngodd	gollyngasant

Impersonal: **gollyngwyd**

PLUPERFECT

gollyngaswn	gollyngasem
gollyngasit	gollyngasech
gollyngasai	gollyngasent

Impersonal: **gollyngasid, gollyngesid**

SUBJUNCTIVE PRESENT

gollyngwyf	gollyngom
gollyngych	gollyngoch
gollyngo	gollyngont

Impersonal: **gollynger**

IMPERATIVE

- -	gollyngwn
gollwng, gollynga	gollyngwch
gollynged	gollyngent

Impersonal: **gollynger**

VERBAL ADJECTIVES

gollyngedig 'released'
gollyngadwy 'that can be set free'

PRESENT / FUTURE

gorchmynnaf	**gorchmynnwn**
gorchmynni	**gorchmynnwch**
gorchymyn,	**gorchmynnant**
gorchmynna	

Impersonal: **gorchmynnir**

IMPERFECT / CONDITIONAL

gorchmynnwn	**gorchmynnem**
gorchmynnit	**gorchmynnech**
gorchmynnai	**gorchmynnent**

Impersonal: **gorchmynnid**

PAST

gorchmynnais	**gorchmynasom**
gorchmynnaist	**gorchmynasoch**
gorchmynnodd	**gorchmynasant**

Impersonal: **gorchmynnwyd**

PLUPERFECT

gorchmynaswn	**gorchmynasem**
gorchmynasit	**gorchmynasech**
gorchmynasai	**gorchmynasent**

Impersonal: **gorchmynasid, gorchmynesid**

SUBJUNCTIVE PRESENT

gorchmynnwyf	**gorchmynnom**
gorchmynnych	**gorchmynnoch**
gorchmynno	**gorchmynnont**

Impersonal: **gorchmynner**

IMPERATIVE

- -	**gorchmynnwn**
gorchymyn,	**gorchmynnwch**
gorchmynna	**gorchmynnent**
gorchmynned	

Impersonal: **gorchmynner**

VERBAL ADJECTIVES
gorchmynedig 'commanded'

gorfod (obs.)
'overcome'; 'be obliged'

Stem: **gorfydd-**; **gorfu-**

PRESENT / FUTURE
(obs.) **gorwyf,**
  gorfyddaf
gorfyddi
(obs.) **goryw, gorfydd**
Impersonal: **gorfyddir**

gorfyddwn
gorfyddwch
gorfyddant

IMPERFECT / CONDITIONAL
gorfyddwn
gorfyddit
gorfyddai
Impersonal: **gorfyddid**

gorfyddem
gorfyddech
gorfyddent

PAST
gorfûm
gorfuost
gorfu
Impersonal: **gorfuwyd**

gorfuom
gorfuoch
gorfuant

PLUPERFECT
gorfuaswn
gorfuasit
gorfuasai
Impersonal: **gorfuasid, gorfuesid**

gorfuasem
gorfuasech
gorfuasent

SUBJUNCTIVE PRESENT
gorfyddwyf
gorfyddech, gorfyddych
gorfyddo
Impersonal: **gorfydder**

gorfyddom
gorfyddoch
gorfyddont

IMPERATIVE
- -
gorfydda
gorfydded
Impersonal: **gorfydder**

gorfyddwn
gorfyddwch
gorfyddent

VERBAL ADJECTIVES
gorfodedig 'conquered, overcome'
gorfodadwy 'that can be overcome, surmountable'

PRESENT/FUTURE

gorfodaf	**gorfodwn**
gorfodi	**gorfodwch**
gorfoda	**gorfodant**

Impersonal: **gorfodir**

IMPERFECT/CONDITIONAL

gorfodwn	**gorfodem**
gorfodit	**gorfodech**
gorfodai	**gorfodent**

Impersonal: **gorfodid**

PAST

gorfodais	**gorfodasom**
gorfodaist	**gorfodasoch**
gorfododd	**gorfodasant**

Impersonal: **gorfodwyd**

PLUPERFECT

gorfodaswn	**gorfodasem**
gorfodasit	**gorfodasech**
gorfodasai	**gorfodasent**

Impersonal: **gorfodasid, gorfodesid**

SUBJUNCTIVE PRESENT

gorfodwyf	**gorfodom**
gorfodych	**gorfodoch**
gorfod	**gorfodont**

Impersonal: **gorfoder**

IMPERATIVE

- -	**gorfodwn**
gorfoda	**gorfodwch**
gorfoded	**gorfodent**

Impersonal: **gorfoder**

VERBAL ADJECTIVES

- -

gorffen
'finish'

Stem: **gorffenn-**

PRESENT/FUTURE
gorffennaf   gorffennwn
gorffenni   gorffennwch
gorffen, gorffenna   gorffennant
Impersonal: **gorffennir**

IMPERFECT/CONDITIONAL
gorffennwn   gorffennem
gorffennit   gorffennech
gorffennai   gorffennent
Impersonal: **gorffennid**

PAST
gorffennais   gorffenasom
gorffennaist   gorffenasoch
gorffennodd   gorffenasant
Impersonal: **gorffennwyd**

PLUPERFECT
gorffenaswn   gorffenasem
gorffenasit   gorffenasech
gorffenasai   gorffenasent
Impersonal: **gorffenasid, gorffenesid**

SUBJUNCTIVE PRESENT
gorffennwyf   gorffennom
gorffennych   gorffennoch
gorffenno   gorffennont
Impersonal: **gorffenner**

IMPERATIVE
--   gorffennwn
gorffenn, gorffenna   gorffennwch
gorffenned   gorffennent
Impersonal: **gorffenner**

VERBAL ADJECTIVES
gorffenedig 'finished, perfected'
gorffenadwy 'that can be finished'

146

PRESENT/FUTURE

gorweddaf	gorweddwn
gorweddi	gorweddwch
gorwedd,	gorweddant
gorwedda	

Impersonal: **gorweddir**

IMPERFECT/CONDITIONAL

gorweddwn	gorweddem
gorweddit	gorweddech
gorweddai	gorweddent

Impersonal: **gorweddid**

PAST

gorweddais	gorweddasom
gorweddaist	gorweddasoch
gorweddodd	gorweddasant

Impersonal: **gorweddwyd**

PLUPERFECT

gorweddaswn	gorweddasem
gorweddasit	gorweddasech
gorweddasai	gorweddasent

Impersonal: **gorweddasid**

SUBJUNCTIVE PRESENT

gorweddwyf	gorweddom
gorweddych	gorweddoch
gorweddo	gorweddont

Impersonal: **gorwedder**

IMPERATIVE

- -	gorweddwn
gorwedd,	gorweddwch
gorwedda	gorweddent
gorwedded	

Impersonal: **gorwedder**

VERBAL ADJECTIVES

gorweddedig 'lying, reclining'

147

gosod
'place'

PRESENT / FUTURE

gosodaf	gosodwn
gosodi	gosodwch
gesyd	gosodant

Impersonal: **gosodir**

IMPERFECT / CONDITIONAL

gosodwn	gosodem
gosodit	gosodech
gosodai	gosodent

Impersonal: **gosodid**

PAST

gosodais	gosodasom
gosodaist	gosodasoch
gosododd	gosodasant

Impersonal: **gosodwyd**

PLUPERFECT

gosodaswn	gosodasem
gosodasit	gosodasech
gosodasai	gosodasent

Impersonal: **gosodasid, gosodesid**

SUBJUNCTIVE PRESENT

gosodwyf	gosodom
gosodych	gosodoch
gosodo	gosodont

Impersonal: **gosoder**

IMPERATIVE

- -	gosodwn
gosod	gosodwch
gosoded	gosodent

Impersonal: **gosoder**

VERBAL ADJECTIVES
gosodedig 'placed, set, arranged'

PRESENT/FUTURE

gostyngaf	**gostyngwn**
gostyngi	**gostyngwch**
gostwng,	**gostyngant**
gostynga	

Impersonal: **gostyngir**

IMPERFECT/CONDITIONAL

gostyngwn	**gostyngem**
gostyngit	**gostyngech**
gostyngai	**gostyngent**

Impersonal: **gostyngid**

PAST

gostyngais	**gostyngasom**
gostyngaist	**gostyngasoch**
gostyngodd	**gostyngasant**

Impersonal: **gostyngwyd**

PLUPERFECT

gostyngaswn	**gostyngasem**
gostyngasit	**gostyngasech**
gostyngasai	**gostyngasent**

Impersonal: **gostyngasid, gostyngesid**

SUBJUNCTIVE PRESENT

gostyngwyf	**gostyngom**
gostyngych	**gostyngoch**
gostyngo	**gostyngont**

Impersonal: **gostynger**

IMPERATIVE

- -	**gostyngwn**
gostwng,	**gostyngwch**
gostynga	**gostyngent**
gostynged	

Impersonal: **gostynger**

VERBAL ADJECTIVES

gostyngedig 'humble'

149

gwadu
'deny, disown'

Stem: **gwad-**

PRESENT / FUTURE

gwadaf	gwadwn
gwedi	gwedwch, gwadwch
gwad	gwadant

Impersonal: **gwedir**

IMPERFECT / CONDITIONAL

gwadwn	gwadem
gwadit	gwadech
gwadai	gwadent

Impersonal: **gwedid**

PAST

gwedais	gwadasom
gwedaist	gwadasoch
gwadodd	gwadasant

Impersonal: **gwadwyd**

PLUPERFECT

gwadaswn	gwadasem
gwadasit	gwadasech
gwadasai	gwadasent

Impersonal: **gwadesid**

SUBJUNCTIVE PRESENT

gwadwyf	gwadom
gwedych	gwadoch
gwado	gwadont

Impersonal: **gwader**

IMPERATIVE

- -	gwadwn
gwad	gwedwch, gwadwch
gwaded	gwadent

Impersonal: **gwader**

VERBAL ADJECTIVES

gwadedig 'denied, disowned'
gwadadwy 'deniable'

gwahardd

PRESENT / FUTURE

gwaharddaf	**gwaharddwn**
gwaherddi	**gwaherddwch,**
(obs.) **gweheirdd,**	**gwaharddwch**
gwahardda	**gwaharddant**

Impersonal: **gwaherddir**

IMPERFECT / CONDITIONAL

gwaharddwn	**gwaharddem**
gwaharddit	**gwaharddech**
gwaharddai	**gwaharddent**

Impersonal: **gwaherddid**

PAST

gwaherddais	**gwaharddasom**
gwaherddaist	**gwaharddasoch**
gwaharddodd	**gwaharddasant**

Impersonal: **gwaharddwyd**

PLUPERFECT

gwaharddaswn	**gwaharddasem**
gwaharddasit	**gwaharddasech**
gwaharddasai	**gwaharddasent**

Impersonal: **gwaharddasid, gwaharddesid**

SUBJUNCTIVE PRESENT

gwaharddwyf	**gwaharddom**
gwaherddych	**gwaharddoch**
gwaharddo	**gwaharddont**

Impersonal: **gwahardder**

IMPERATIVE

- -	**gwaharddwn**
gwahardda	**gwaharddwch**
gwahardded	**gwaharddent**

Impersonal: **gwahardder**

VERBAL ADJECTIVES

gwaharddedig 'forbidden'
gwaharddadwy 'prohibited, prohibitable'

gwaredu, gwared
'save, deliver; do away with'   Stem: **gwared-**

PRESENT/FUTURE

gwaredaf	gwaredwn
gwaredi	gwaredwch
gweryd,	gwaredant
gwared	

Impersonal: **gwaredir**

IMPERFECT/CONDITIONAL

gwaredwn	gwaredem
gwaredit	gwaredech
gwaredai	gwaredent

Impersonal: **gwaredid**

PAST

gwaredais	gwaredasom
gwaredaist	gwaredasoch
gwaredodd	gwaredasant

Impersonal: **gwaredwyd**

PLUPERFECT

gwaredaswn	gwaredasem
gwaredasit	gwaredasech
gwaredasai	gwaredasent

Impersonal: **gwaredasid, gwaredesid**

SUBJUNCTIVE PRESENT

gwaredwyf	gwaredom
gwaredych	gwaredoch
gwaredo	gwaredont

Impersonal: **gwareder**

IMPERATIVE

- -	gwaredwn
gwared	gwaredwch
gwareded	gwaredent

Impersonal: **gwareder**

VERBAL ADJECTIVES

gwaredig 'delivered, saved'
gwaredadwy 'that can be delivered or saved'

PRESENT/FUTURE

gwasgaraf	gwasgarwn
gwasgeri	gwasgerwch,
(obs.) gwesgyr,	gwasgarwch
gwasgar, gwasgara	gwasgarant

Impersonal: **gwasgerir**

IMPERFECT/CONDITIONAL

gwasgarwn	gwasgarem
gwasgerit, gwasgaret	gwasgarech
gwasgarai	gwasgarent

Impersonal: **gwasgerid**

PAST

gwasgerais	gwasgarasom
gwasgeraist	gwasgarasoch
gwasgarodd	gwasgarasant

Impersonal: **gwasgarwyd**

PLUPERFECT

gwasgaraswn	gwasgarasem
gwasgarasit	gwasgarasech
gwasgarasai	gwasgarasent

Impersonal: **gwasgarasid, gwasgaresid**

SUBJUNCTIVE PRESENT

gwasgarwyf	gwasgarom
gwasgerych	gwasgaroch
gwasgaro	gwasgaront

Impersonal: **gwasgarer**

IMPERATIVE

- -	gwasgarwn
gwasgara	gwasgarwch
gwasgared	gwasgarent

Impersonal: **gwasgarer**

VERBAL ADJECTIVES

gwasgaredig 'scattered'

gwasgaradwy 'that can be scattered or dispersed'

ar wasgar 'scattered'

PRESENT / FUTURE

gweaf	gwewn
gwei	gwewch
gwea	gweant

Impersonal: **gweir**

IMPERFECT / CONDITIONAL

gwewn	gweem
gweit	gweech
gweai	gweent

Impersonal: **gweid**

PAST

gweais	gweasom
gweaist	gweasoch
gweodd	gweasant

Impersonal: **gwewyd**

PLUPERFECT

gweaswn	gweasem
gweasit	gweasech
gweasai	gweasent

Impersonal: **gweasid, gweesid**

SUBJUNCTIVE PRESENT

gwewyf	gweom
gweych	gweoch
gweo	gweont

Impersonal: **gweer**

IMPERATIVE

- -	gwewn
gwea	gwewch
gweed	gweent

Impersonal: **gweer**

VERBAL ADJECTIVES
gweedig, gweëdig, gweuedig 'knitted, woven'

155

gweddïo
'pray'

PRESENT/FUTURE

gweddïaf	**gweddïwn**
gweddïi	**gweddïwch**
gweddïa	**gweddïant**

Impersonal: **gweddïir**

IMPERFECT/CONDITIONAL

gweddïwn	**gweddïem**
gweddïit	**gweddïech**
gweddïai	**gweddïent**

Impersonal: **gweddïid**

PAST

gweddïais	**gweddïasom**
gweddïaist	**gweddïasoch**
gweddïodd	**gweddïasant**

Impersonal: **gweddïwyd**

PLUPERFECT

gweddïaswn	**gweddïasem**
gweddïasit	**gweddïasech**
gweddïasai	**gweddïasent**

Impersonal: **gweddïasid, gweddïesid**

SUBJUNCTIVE PRESENT

gweddïwyf	**gweddïom**
gweddïech	**gweddïoch**
gweddïo	**gweddïont**

Impersonal: **gweddïer**

IMPERATIVE

- -	**gweddïwn**
gweddïa	**gweddïwch**
gweddïed	**gweddïent**

Impersonal: **gweddïer**

VERBAL ADJECTIVES

gweddïedig (gram.) 'optative' (verbal mood)
gweddïadwy 'prayable'; (gram.) 'optative'
  (verbal mood)

PRESENT / FUTURE

gwelaf	gwelwn
gweli	gwelwch
(obs.) gwŷl,	gwelant
gwêl	

Impersonal: **gwelir**

IMPERFECT / CONDITIONAL

gwelwn	gwelem
gwelit	gwelech
gwelai	gwelent

Impersonal: **gwelid**

PAST

gwelais	gwelsom
gwelaist	gwelsoch
gwelodd	gwelsant

Impersonal: **gwelwyd**

PLUPERFECT

gwelswn	gwelsem
gwelsit	gwelsech
gwelsai	gwelsent

Impersonal: **gwelsid**

SUBJUNCTIVE PRESENT

gwelwyf	gwelom
gwelych	gweloch
gwelo	gwelont

Impersonal: **gweler**

IMPERATIVE

- -	gwelwn
gwêl	gwelwch
gweled, wele	gwelent

Impersonal: **gweler**

VERBAL ADJECTIVES

gweledig 'visible, seen, apparent'
gweladwy 'visible'

PRESENT/FUTURE

gwenaf	gwenwn
gweni	gwenwch
gwena	gwenant

Impersonal: **gwenir**

IMPERFECT/CONDITIONAL

gwenwn	gwenem
gwenit	gwenech
gwenai	gwenent

Impersonal: **gwenid**

PAST

gwenais	gwenasom
gwenaist	gwenasoch
gwenodd	gwenasant

Impersonal: **gwenwyd**

PLUPERFECT

gwenaswn	gwenasem
gwenasit	gwenasech
gwenasai	gwenasent

Impersonal: **gwenasid, gwenesid**

SUBJUNCTIVE PRESENT

gwenwyf	gwenom
gwenych	gwenoch
gweno	gwenont

Impersonal: **gwener**

IMPERATIVE

- -	gwenwn
gwena	gwenwch
gwened	gwenent

Impersonal: **gwener**

VERBAL ADJECTIVES

- -

gwneud, gwneuthur
'make, do'

PRESENT/FUTURE

gwnaf, gwnelaf   **gwnawn, gwnelwn**
(obs.) **gwnai, gwnei,**   **gwnewch, gwnelwch**
gwneli   **gwnânt, gwnelant**
gwna, gwnaiff, gwnel
Impersonal: **gwneir**

IMPERFECT/CONDITIONAL

gwnawn   **gwnaem**
gwnait   **gwnaech**
gwnâi   **gwnaent**
Impersonal: **gwneid**

PAST

gwneuthum   **gwnaethom**
gwnaethost   **gwnaethoch**
gwnaeth   **gwnaethant**
Impersonal: **gwnaethpwyd, gwnaed, gwnawd**

PLUPERFECT

gwnaethwn   **gwnaethem**
gwnaethit   **gwnaethech**
gwnaethai   **gwnaethent**
Impersonal: **gwnaethid, gwnelsid**

SUBJUNCTIVE PRESENT

gwnelwyf   **gwnelom**
gwnelych   **gwneloch**
gwnêl, gwnelo **gwnelont**
Impersonal: **gwneler, gwnaer**

SUBJUNCTIVE IMPERFECT

gwnelwn   **gwnelem**
gwnelit   **gwnelech**
gwnelai   **gwnelent**
Impersonal: **gwnelid**

gwneud, gwneuthur

IMPERATIVE
- -   gwnawn
gwna   gwnewch
gwnaed   gwnaent
Impersonal: **gwnaer, gwneler**

VERBAL ADJECTIVES
gwneuthuredig, gwneuthuriedig 'done, accomplished; made'
gwneuthuradwy 'feasible, possible'

PRESENT/FUTURE
gwnïaf   gwnïwn
gwnïi   gwnïwch
gwnïa   gwnïant
Impersonal: **gwnïir**

IMPERFECT/CONDITIONAL
gwnïwn   gwnïem
gwnïit   gwnïech
gwnïai   gwnïent
Impersonal: **gwnïid**

PAST
gwnïais   gwniasom
gwnïaist   gwniasoch
gwnïodd   gwniasant
Impersonal: **gwnïwyd**

PLUPERFECT
gwniaswn   gwniasem
gwniasit   gwniasech
gwniasai   gwniasent
Impersonal: **gwniasid, gwniesid**

SUBJUNCTIVE PRESENT
gwnïwyf   gwnïom
gwnïech   gwnïoch
gwnïo   gwnïont
Impersonal: **gwnïer**

IMPERATIVE
- -   gwnïwn
gwnïa   gwnïwch
gwnïed   gwnïent
Impersonal: **gwnïer**

VERBAL ADJECTIVES
gwniedig 'sewn, stitched'
gwniadwy 'stitchable'

gwrando
'listen'

PRESENT/FUTURE
gwrandawaf	gwrandawn
gwrandewi	gwrandewch
gwrendy	gwrandawant

Impersonal: **gwrandewir**

IMPERFECT/CONDITIONAL
gwrandawn	gwrandawem
gwrandewit	gwrandawech
gwrandawai	gwrandawent

Impersonal: **gwrandewid**

PAST
gwrandewais	gwrandawsom
gwrandewaist	gwrandawsoch
gwrandawodd	gwrandawsant

Impersonal: **gwrandawyd**

PLUPERFECT
gwrandawswn	gwrandawsem
gwrandawsit	gwrandawsech
gwrandawsai	gwrandawsent

Impersonal: **gwrandawsid, gwrandewsid**

SUBJUNCTIVE PRESENT
gwrandawyf	gwrandawom
gwrandewych	gwrandawoch
gwrandawo	gwrandawont

Impersonal: **gwrandawer**

IMPERATIVE
- -	gwrandawn
gwrando,	gwrandewch
gwrandaw	gwrandawent
gwrandawed	

Impersonal: **gwrandawer**

VERBAL ADJECTIVES
gwrandawedig 'heard, that can be heard'
gwrandawadwy 'that can be listened to'

PRESENT / FUTURE

gwrthodaf	**gwrthodwn**
gwrthodi	**gwrthodwch**
gwrthyd	**gwrthodant**

Impersonal: **gwrthodir**

IMPERFECT / CONDITIONAL

gwrthodwn	**gwrthodem**
gwrthodit	**gwrthodech**
gwrthodai	**gwrthodent**

Impersonal: **gwrthodid**

PAST

gwrthodais	**gwrthodasom**
gwrthodaist	**gwrthodasoch**
gwrthododd	**gwrthodasant**

Impersonal: **gwrthodwyd**

PLUPERFECT

gwrthodaswn	**gwrthodasem**
gwrthodasit	**gwrthodasech**
gwrthodasai	**gwrthodasent**

Impersonal: **gwrthodasid, gwrthodesid**

SUBJUNCTIVE PRESENT

gwrthodwyf	**gwrthodom**
gwrthodych	**gwrthodoch**
gwrthodo	**gwrthodont**

Impersonal: **gwrthoder**

IMPERATIVE

- -	**gwrthodwn**
gwrthoda	**gwrthodwch**
gwrthoded	**gwrthodent**

Impersonal: **gwrthoder**

VERBAL ADJECTIVES

gwrthodedig 'rejected'
gwrthodadwy 'that can be rejected, refusable'

gwybod

'know' (a fact)   Stem: **gwybydd-; gwybu-; gwydd-; gwyp-;**

PRESENT

gwn	gwyddom
gwyddost	gwyddoch
gŵyr	gwyddant

Impersonal: **gwyddys, gwys, gwyddir**

FUTURE

gwybyddaf	gwybyddwn
gwybyddi	gwybyddwch
gwybydd	gwybyddant

Impersonal: **gwyddir, gwybyddir**

IMPERFECT

gwyddwn	gwyddem
gwyddit	gwyddech
gwyddai	gwyddent

Impersonal: **gwyddid, gwybyddid**

PAST

gwybûm	gwybuom
gwybuost	gwybuoch
gwybu	gwybuont, gwybuant

Impersonal: **gwybuwyd**

PLUPERFECT

gwybuaswn	gwybuasem
gwybuasit	gwybuasech
gwybuasai	gwybuasent

Impersonal: **gwybuasid**

SUBJUNCTIVE PRESENT

gwypwyf,	gwypom,
gwybyddwyf	gwybyddom
gwypych,	gwypoch,
gwybyddych	gwybyddoch
gwypo, gwybyddo	gwypont,
	gwybyddont

Impersonal: **gwyper, gwybydder**

164

SUBJUNCTIVE IMPERFECT

gwypwn,	**gwypem, gwybyddem**
gwybyddwn	**gwypech,**
gwypit, gwybyddit	**gwybyddech**
gwypai, gwybyddai	**gwypent,**
	gwybyddent

Impersonal: **gwypid, gwybyddid**

IMPERATIVE

- -	**gwybyddwn**
gwybydd	**gwybyddwch**
gwyped, gwybydded	**gwypent,**
	gwybyddent

Impersonal: **gwyper, gwybydder**

VERBAL ADJECTIVES
gwybodedig 'known, knowable'
gwybodadwy, gwybyddadwy 'knowable'

gyrru
'drive, send'

PRESENT / FUTURE

gyrraf	gyrrwn
gyrri	gyrrwch
gyr	gyrrant

Impersonal: **gyrrir**

IMPERFECT / CONDITIONAL

gyrrwn	gyrrem
gyrrit	gyrrech
gyrrai	gyrrent

Impersonal: **gyrrid**

PAST

gyrrais	gyrasom
gyrraist	gyrasoch
gyrrodd	gyrasant

Impersonal: **gyrrwyd**

PLUPERFECT

gyraswn	gyrasem
gyrasit	gyrasech
gyrasai	gyrasent

Impersonal: **gyrasid**

SUBJUNCTIVE PRESENT

gyrrwyf	gyrrom
gyrrych	gyrroch
gyrro	gyrront

Impersonal: **gyrrer**

IMPERATIVE

- -	gyrrwn
gyr, gyrra	gyrrwch
gyrred	gyrrent

Impersonal: **gyrrer**

VERBAL ADJECTIVES

gyredig 'driven'; 'beaten, wrought' (of metal)
gyradwy 'that can be driven or sent'

PRESENT/FUTURE

haeddaf	**haeddwn**
haeddi	**haeddwch**
haedda	**haeddant**

Impersonal: **haeddir**

IMPERFECT/CONDITIONAL

haeddwn	**haeddem**
haeddit	**haeddech**
haeddai	**haeddent**

Impersonal: **haeddid**

PAST

haeddais	**haeddasom**
haeddaist	**haeddasoch**
haeddodd	**haeddasant**

Impersonal: **haeddwyd**

PLUPERFECT

haeddaswn	**haeddasem**
haeddasit	**haeddasech**
haeddasai	**haeddasent**

Impersonal: **haeddasid, haeddesid**

SUBJUNCTIVE PRESENT

haeddwyf	**haeddom**
haeddych	**haeddoch**
haeddo	**haeddont**

Impersonal: **haedder**

IMPERATIVE

- -	**haeddwn**
haedda	**haeddwch**
haedded	**haeddent**

Impersonal: **haedder**

VERBAL ADJECTIVES

haeddedig 'deserved, worthy'
haeddadwy 'attainable, that can be reached or deserved'

hanfod
'exist, issue from'   Stem: **hanfydd-; hanoedd-; hanfu-**

FUTURE
hanfyddaf	hanfyddwn
hanfyddi	hanfyddwch
hanfydd	hanfyddant

Impersonal: **hanfyddir**

IMPERFECT
hanoeddwn	hanoeddym
hanoeddit	hanoeddych
hanoedd	hanoeddynt

Impersonal: **hanoeddid**

IMPERFECT HABITUAL
hanfyddwn	hanfyddem
hanfyddit	hanfyddech
hanfyddai	hanfyddent

Impersonal: **hanfyddid**

PAST
hanfûm	hanfuom
hanfuost	hanfuoch
hanfu	hanfuant

Impersonal: **hanfuwyd**

PLUPERFECT
hanfuaswn	hanfuasem
hanfuasit	hanfuasech
hanfuasai	hanfuasent

Impersonal: **hanfuasid**

SUBJUNCTIVE PRESENT
hanfyddwyf, hanffwyf	hanfyddom, hanffom
hanfyddych, henffych,	hanfyddoch, hanffoch
hanpych, henpych	hanfyddont, hanffont
hanfyddo, hanffo	

Impersonal: **hanfydder, hanffer**

IMPERATIVE

- -	**hanfyddwn**
henffych, henfydd	**hanfyddwch**
hanfydded	**hanfyddent**
Impersonal: **hanfydder**	

VERBAL ADJECTIVES
hanfodol 'essential, intrinsic, inherent'

PRESENT / FUTURE

heuaf	**heuwn**
heui	**heuwch**
heua	**heuant**

Impersonal: **heuir**

IMPERFECT / CONDITIONAL

heuwn	**heuem**
heuit	**heuech**
heuai	**heuent**

Impersonal: **heuid**

PAST

heuais	**heuasom**
heuaist	**heuasoch**
heuodd	**heuasant**

Impersonal: **heuwyd**

PLUPERFECT

heuaswn	**heuasem**
heuasit	**heuasech**
heuasai	**heuasent**

Impersonal: **heuasid, heuesid**

SUBJUNCTIVE PRESENT

heuwyf	**heuom**
heuych	**heuoch**
heuo	**heuont**

Impersonal: **heuer**

IMPERATIVE

- -	**heuwn**
heua	**heuwch**
heued	**heuent**

Impersonal: **heuer**

VERBAL ADJECTIVES

heuedig, heedig 'sown, scattered'
heuadwy 'that can be sown'

PRESENT / FUTURE

heliaf	heliwn
heli	heliwch
helia	heliant

Impersonal: **helir**

IMPERFECT / CONDITIONAL

heliwn	heliem
helit	heliech
heliai	helient

Impersonal: **helid**

PAST

heliais	heliasom
heliaist	heliasoch
heliodd	heliasant

Impersonal: **heliwyd**

PLUPERFECT

heliaswn	heliasem
heliasit	heliasech
heliasai	heliasent

Impersonal: **heliasid**

SUBJUNCTIVE PRESENT

heliwyf	heliom
heliech	helioch
helio	heliont

Impersonal: **helier**

IMPERATIVE

- -	heliwn
helia	heliwch
helied	helient

Impersonal: **helier**

VERBAL ADJECTIVES
heliedig 'gathered, collected'

PRESENT/FUTURE

holaf	holwn
holi	holwch
hawl, hola	holant

Impersonal: **holir**

IMPERFECT/CONDITIONAL

holwn	holem
holit	holech
holai	holent

Impersonal: **holid**

PAST

holais	holasom
holaist	holasoch
holodd	holasant

Impersonal: **holwyd**

PLUPERFECT

holaswn	holasem
holasit	holasech
holasai	holasent

Impersonal: **holasid, holesid**

SUBJUNCTIVE PRESENT

holwyf	holom
holych	holoch
holo	holont

Impersonal: **holer**

IMPERATIVE

- -	holwn
hola	holwch
holed	holent

Impersonal: **holer**

VERBAL ADJECTIVES
holiedig, holedig 'questioned, asked'
holiadwy, holadwy 'cognizable, proper for
  consideration'

honni
'assert, pretend'

PRESENT/FUTURE

honnaf	honnwn
honni	honnwch
honna	honnant

Impersonal: **honnir**

IMPERFECT/CONDITIONAL

honnwn	honnem
honnit	honnech
honnai	honnent

Impersonal: **honnid**

PAST

honnais	honasom
honnaist	honasoch
honnodd	honasant

Impersonal: **honnwyd**

PLUPERFECT

honaswn	honasem
honasit	honasech
honasai	honasent

Impersonal: **honasid, honesid**

SUBJUNCTIVE PRESENT

honnwyf	honnom
honnych	honnoch
honno	honnont

Impersonal: **honner**

IMPERATIVE

- -	honnwn
honna	honnwch
honned	honnent

Impersonal: **honner**

VERBAL ADJECTIVES

honedig 'alleged'

hwde, hwre
'take!, accept!'

IMPERATIVE

- -	- -
hwde, hwre	**hwdiwch, hwriwch, hwrwch**
- -	- -

PRESENT/FUTURE

lladdaf	lladdwn
lleddi	lleddwch,
lladd	lladdwch
	lladdant

Impersonal: **lleddir**

IMPERFECT/CONDITIONAL

lladdwn	lladdem
lladdit	lladdech
lladdai	lladdent

Impersonal: **lleddid**

PAST

lleddais	lladdasom
lleddaist	lladdasoch
lladdodd	lladdasant

Impersonal: **lladdwyd**

PLUPERFECT

lladdaswn	lladdasem
lladdasit	lladdasech
lladdasai	lladdasent

Impersonal: **lladdasid, lladdesid**

SUBJUNCTIVE PRESENT

lladdwyf	lladdom
lleddych	lladdoch
lladdo	lladdont

Impersonal: **lladder**

IMPERATIVE

- -	lladdwn
lladd	lleddwch
lladded	lladdent

Impersonal: **lladder**

VERBAL ADJECTIVES

lladdedig 'killed; cut'
lladdadwy 'that can be killed or cut off'

175

llamu
'leap'

PRESENT/FUTURE

llamaf	llamwn
llami	llamwch
llama	llamant

Impersonal: **llamir**

IMPERFECT/CONDITIONAL

llamwn	llamem
llamit	llamech
llamai	llament

Impersonal: **llamid**

PAST

llamais	llamasom
llamaist	llamasoch
llamodd	llamasant

Impersonal: **llamwyd**

PLUPERFECT

llamaswn	llamasem
llamasit	llamasech
llamasai	llamasent

Impersonal: **llamasid, llamesid**

SUBJUNCTIVE PRESENT

llamwyf	llamom
llamych	llamoch
llamo	llamont

Impersonal: **llamer**

IMPERATIVE

- -	llamwn
llama	llamwch
llamed	llament

Impersonal: **llamer**

VERBAL ADJECTIVES
llamedig 'leaping'

PRESENT/FUTURE

llanwaf	**llanwn**
llenwi	**llenwch, llanwch**
lleinw	**llanwant**

Impersonal: **llenwir**

IMPERFECT/CONDITIONAL

llanwn	**llanwem**
llanwit	**llanwech**
llanwai	**llanwent**

Impersonal: **llenwid**

PAST

llenwais	**llanwasom**
llenwaist	**llanwasoch**
llanwodd, llenwodd	**llanwasant**

Impersonal: **llanwyd, llenwyd**

PLUPERFECT

llanwaswn	**llanwasem**
llanwasit	**llanwasech**
llanwasai	**llanwasent**

Impersonal: **llanwasid, llanwesid**

SUBJUNCTIVE PRESENT

llanwyf	**llanwom**
llenwych	**llanwoch**
llanwo, llenwo	**llanwont**

Impersonal: **llanwer**

IMPERATIVE

- -	**llanwn**
llanw	**llenwch, llanwch**
llanwed	**llanwent**

Impersonal: **llanwer**

VERBAL ADJECTIVES

llanwedig 'filled, saturated'
llanwadwy 'fillable'

llawenhau
'rejoice, gladden'   Stem: **llawenha-**

PRESENT/FUTURE
llawenhaf	**llawenhawn**
llawenhei	**llawenhewch**
llawenha	**llawenhânt**

Impersonal: **llawenheir**

IMPERFECT/CONDITIONAL
llawenhawn	**llawenhaem**
llawenhait	**llawenhaech**
llawenhâi	**llawenhaent**

Impersonal: **llawenheid**

PAST
llawenheais	**llawenhasom**
llawenheaist	**llawenhasoch**
llawenhaodd	**llawenhasant**

Impersonal: **llawenhawyd**

PLUPERFECT
llawenhaswn	**llawenhasem**
llawenhasit	**llawenhasech**
llawenhasai	**llawenhasent**

Impersonal: **llawenhesid**

SUBJUNCTIVE PRESENT
llawenhawyf	**llawenhaom**
llawenheych	**llawenhaoch**
llawenhao	**llawenhaont**

Impersonal: **llawenhaer**

IMPERATIVE
- -	**llawenhawn**
llawenha	**llawenhewch**
llawenhaed	**llawenhaent**

Impersonal: **llawenhaer**

VERBAL ADJECTIVES
llawenedig 'made joyful'

178

PRESENT/FUTURE
llefaraf	**llefarwn**
lleferi	**lleferwch,**
(obs.) **llefair,**	**llefarwch**
llefara	**llefarant**

Impersonal: **lleferir**

IMPERFECT/CONDITIONAL
llefarwn	**llefarem**
llefarit	**llefarech**
llefarai	**llefarent**

Impersonal: **lleferid**

PAST
lleferais	**llefarasom**
llefaraist	**llefarasoch**
llefarodd	**llefarasant**

Impersonal: **llefarwyd**

PLUPERFECT
llefaraswn	**llefarasem**
llefarasit	**llefarasech**
llefarasai	**llefarasent**

Impersonal: **llefarasid, llefaresid**

SUBJUNCTIVE PRESENT
llefarwyf	**llefarom**
lleferych	**llefaroch**
llefaro	**llefaront**

Impersonal: **llefarer**

IMPERATIVE
- -	**llefarwn**
llefara	**llefarwch**
llefared	**llefarent**

Impersonal: **llefarer**

VERBAL ADJECTIVES
llefaredig, llafaredig 'spoken, uttered, oral'
llefaradwy 'pronouncable'

llosgi
'burn'

Stem: **llosg-**

PRESENT/FUTURE

llosgaf	**llosgwn**
llosgi	**llosgwch**
llysg, llosga	**llosgant**

Impersonal: **llosgir**

IMPERFECT/CONDITIONAL

llosgwn	**llosgem**
llosgit	**llosgech**
llosgai	**llosgent**

Impersonal: **llosgid**

PAST

llosgais	**llosgasom**
llosgaist	**llosgasoch**
llosgodd	**llosgasant**

Impersonal: **llosgwyd**

PLUPERFECT

llosgaswn	**llosgasem**
llosgasit	**llosgasech**
llosgasai	**llosgasent**

Impersonal: **llosgasid**

SUBJUNCTIVE PRESENT

llosgwyf	**llosgom**
llosgych	**llosgoch**
llosgo	**llosgont**

Impersonal: **llosger**

IMPERATIVE

- -	**llosgwn**
llosga	**llosgwch**
llosged	**llosgent**

Impersonal: **llosger**

VERBAL ADJECTIVES

llosgedig 'burnt, burning'
llosgadwy 'combustible, burning'

PRESENT/FUTURE

lluniaf	**lluniwn**
lluni	**lluniwch**
llunia	**lluniant**

Impersonal: **llunir**

IMPERFECT/CONDITIONAL

lluniwn	**lluniem**
llunit	**lluniech**
lluniai	**llunient**

Impersonal: **llunid**

PAST

lluniais	**lluniasom**
lluniaist	**lluniasoch**
lluniodd	**lluniasant**

Impersonal: **lluniwyd**

PLUPERFECT

lluniaswn	**lluniasem**
lluniasit	**lluniasech**
lluniasai	**lluniasent**

Impersonal: **lluniasid, lluniesid**

SUBJUNCTIVE PRESENT

lluniwyf	**lluniom**
lluniech	**llunioch**
llunio	**lluniont**

Impersonal: **llunier**

IMPERATIVE

- -	**lluniwn**
llunia	**lluniwch**
llunied	**llunient**

Impersonal: **llunier**

VERBAL ADJECTIVES

lluniedig 'formed, fashioned, figured'
lluniadwy 'formable, figurable'

llyfu
'lick'

Stem: **llyf-**

PRESENT/FUTURE

llyfaf	**llyfwn**
llyfi	**llyfwch**
llyf, llyfa	**llyfant**

Impersonal: **llyfir**

IMPERFECT/CONDITIONAL

llyfwn	**llyfem**
llyfit	**llyfech**
llyfai	**llyfent**

Impersonal: **llyfid**

PAST

llyfais	**llyfasom**
llyfaist	**llyfasoch**
llyfodd	**llyfasant**

Impersonal: **llyfwyd**

PLUPERFECT

llyfaswn	**llyfasem**
llyfasit	**llyfasech**
llyfasai	**llyfasent**

Impersonal: **llyfasid, llyfesid**

SUBJUNCTIVE PRESENT

llyfwyf	**llyfom**
llyfych	**llyfoch**
llyfo	**llyfont**

Impersonal: **llyfer**

IMPERATIVE

- -	**llyfwn**
llyf, llyfa	**llyfwch**
llyfed	**llyfent**

Impersonal: **llyfer**

VERBAL ADJECTIVES

llyfedig 'licked, lapped'
llyfadwy 'that can be licked'

182

PRESENT/FUTURE

llyncaf	**llyncwn**
llynci	**llyncwch**
(obs.) **llwnc,**	**llyncant**
llynca	

Impersonal: **llyncir**

IMPERFECT/CONDITIONAL

llyncwn	**llyncem**
llyncit	**llyncech**
llyncai	**llyncent**

Impersonal: **llyncid**

PAST

llyncais	**llyncasom**
llyncaist	**llyncasoch**
llyncodd	**llyncasant**

Impersonal: **llyncwyd**

PLUPERFECT

llyncaswn	**llyncasem**
llyncasit	**llyncasech**
llyncasai	**llyncasent**

Impersonal: **llyncasid, llyncesid**

SUBJUNCTIVE PRESENT

llyncwyf	**llyncom**
llyncych	**llyncoch**
llynco	**llyncont**

Impersonal: **llyncer**

IMPERATIVE

- -	**llyncwn**
llynca	**llyncwch**
llynced	**llyncent**

Impersonal: **llyncer**

VERBAL ADJECTIVES

llyncedig 'swallowed, absorbed'
llyncadwy 'swallowable'

magu
'breed, nurse'

Stem: **mag-**

PRESENT/FUTURE

magaf	magwn
megi	magwch
mag	magant

Impersonal: **megir**

IMPERFECT/CONDITIONAL

magwn	magem
magit	magech
magai	magent

Impersonal: **megid**

PAST

megais	magasom
megaist	magasoch
magodd	magasant

Impersonal: **magwyd**

PLUPERFECT

magaswn	magasem
magasit	magasech
magasai	magasent

Impersonal: **magasid, magesid**

SUBJUNCTIVE PRESENT

magwyf	magom
megych	magoch
maco	magont

Impersonal: **mager**

IMPERATIVE

- -	magwn
mag, maga	magwch
maged	magent

Impersonal: **mager**

VERBAL ADJECTIVES

magedig 'reared, bred, brought up'
magadwy 'that can be nourished'

PRESENT/FUTURE

malaf	malwn
meli	malwch
mâl	malant

Impersonal: **melir**

IMPERFECT/CONDITIONAL

malwn	malem
malit	malech
malai	malent

Impersonal: **melid**

PAST

melais	malasom
melaist	malasoch
malodd	malasant

Impersonal: **malwyd**

PLUPERFECT

malaswn	malasem
malasit	malasech
malasai	malasent

Impersonal: **malasid, malesid**

SUBJUNCTIVE PRESENT

malwyf	malom
melych	maloch
malo	malont

Impersonal: **maler**

IMPERATIVE

- -	malwn
mâl	malwch
maled	malent

Impersonal: **maler**

VERBAL ADJECTIVES

maledig 'bruised, broken, ground'
maladwy 'that can be ground'

medru
'be able, know how to'

PRESENT/FUTURE

medraf	medrwn
medri	medrwch
medr	medrant

Impersonal: **medrir**

IMPERFECT/CONDITIONAL

medrwn	medrem
medrit	medrech
medrai	medrent

Impersonal: **medrid**

PAST

medrais	medrasom
medraist	medrasoch
medrodd	medrasant

Impersonal: **medrwyd**

PLUPERFECT

medraswn	medrasem
medrasit	medrasech
medrasai	medrasent

Impersonal: **medrasid, medresid**

SUBJUNCTIVE PRESENT

medrwyf	medrom
medrych	medroch
medro	medront

Impersonal: **medrer**

IMPERATIVE

- -	medrwn
medr	medrwch
medred	medrent

Impersonal: **medrer**

VERBAL ADJECTIVES
medredig 'accomplished, skilled'

186

PRESENT

meddaf	**meddwn**
meddi	**meddwch**
medd	**meddant**

Impersonal: **meddir**

IMPERFECT

meddwn	**meddem**
meddit	**meddech**
meddai	**meddent**

Impersonal: **meddid**

meddiannu
'own, possess'

Stem: **meddiann-**

PRESENT/FUTURE

meddiannaf	meddiannwn
meddienni,	meddiennwch,
meddianni	meddiannwch
meddianna	meddiannant

Impersonal: **meddiennir**

IMPERFECT/CONDITIONAL

meddiannwn	meddiannem
meddiannit	meddiannech
meddiannai	meddiannent

Impersonal: **meddiennid**

PAST

meddiannais	meddianasom
meddiannaist	meddianasoch
meddiannodd	meddianasant

Impersonal: **meddiannwyd**

PLUPERFECT

meddianaswn	meddianasem
meddianasit	meddianasech
meddianasai	meddianasent

Impersonal: **meddianasid, meddianesid**

SUBJUNCTIVE PRESENT

meddiannwyf	meddiannom
meddiannych	meddiannoch
meddianno	meddiannont

Impersonal: **meddianner**

IMPERATIVE

- -	meddiannwn
meddianna	meddiannwch
meddianned	meddiannent

Impersonal: **meddianner**

VERBAL ADJECTIVES

meddianedig 'possessed'; (gram). 'possessive'
meddianadwy 'possessable'

188

PRESENT/FUTURE

meddyliaf	meddyliwn
meddyli	meddyliwch
meddwl, meddylia	meddyliant

Impersonal: **meddylir**

IMPERFECT/CONDITIONAL

meddyliwn	meddyliem
meddylit	meddyliech
meddyliai	meddylient

Impersonal: **meddylid**

PAST

meddyliais	meddyliasom
meddyliaist	meddyliasoch
meddyliodd	meddyliasant

Impersonal: **meddyliwyd**

PLUPERFECT

meddyliaswn	meddyliasem
meddyliasit	meddyliasech
meddyliasai	meddyliasent

Impersonal: **meddyliasid, meddyliesid**

SUBJUNCTIVE PRESENT

meddyliwyf	meddyliom
meddyliech	meddylioch
meddylio	meddyliont

Impersonal: **meddylier**

IMPERATIVE

- -	meddyliwn
meddwl, meddylia	meddyliwch
meddylied	meddylient

Impersonal: **meddylier**

VERBAL ADJECTIVES

meddyliedig 'thought'
meddyliadwy 'thinkable, conceivable'

PRESENT / FUTURE

meiddiaf	meiddiwn
meiddi	meiddiwch
maidd,	meiddiant
meiddia	

Impersonal: **meiddir**

IMPERFECT / CONDITIONAL

meiddiwn	meiddiem
meiddit	meiddiech
meiddiai	meiddient

Impersonal: **meiddid**

PAST

meiddiais	meiddiasom
meiddiaist	meiddiasoch
meiddiodd	meiddiasant

Impersonal: **meiddiwyd**

PLUPERFECT

meiddiaswn	meiddiasem
meiddiasit	meiddiasech
meiddiasai	meiddiasent

Impersonal: **meiddiasid, meiddiesid**

SUBJUNCTIVE PRESENT

meiddiwyf	meiddiom
meiddiech	meiddioch
meiddio	meiddiont

Impersonal: **meiddier**

IMPERATIVE

- -	meiddiwn
maidd,	meiddiwch
meiddia	meiddient
meiddied	

Impersonal: **meiddier**

VERBAL ADJECTIVES

- -

PRESENT/FUTURE

methaf	methwn
methi	methwch
metha	methant

Impersonal: **methir**

IMPERFECT/CONDITIONAL

methwn	methem
methit	methech
methai	methent

Impersonal: **methid**

PAST

methais	methasom
methaist	methasoch
methodd	methasant

Impersonal: **methwyd**

PLUPERFECT

methaswn	methasem
methasit	methasech
methasai	methasent

Impersonal: **methasid, methesid**

SUBJUNCTIVE PRESENT

methwyf	methom
methych	methoch
metho	methont

Impersonal: **mether**

IMPERATIVE

- -	methwn
metha	methwch
methed	methent

Impersonal: **mether**

VERBAL ADJECTIVES
methedig 'disabled, infirm, weak'
methadwy 'fallible, perishable'

moliannu

'praise' (**moli** 'praise' > **moliannu, canmoli**) Stem: **moliann-**

PRESENT/FUTURE

moliannaf
molienni, molianni
molianna

moliannwn
moliennwch,
   moliannwch
moliannant

Impersonal: **moliennir**

IMPERFECT/CONDITIONAL

moliannwn
moliennit, moliannit
moliannai
Impersonal: **moliennid**

moliannem
moliannech
moliannent

PAST

moliennais,
   moliannais
moliennaist,
   moliannaist
moliannodd
Impersonal: **moliannwyd**

molianasom
molianasoch
molianasant

PLUPERFECT

molianaswn
molianasit
molianasai
Impersonal: **molianasid, molianesid**

molianasem
molianasech
molianasent

SUBJUNCTIVE PRESENT

moliannwyf
moliannych
molianno
Impersonal: **molianner**

moliannom
moliannoch
moliannont

IMPERATIVE

- -
molianna
molianned
Impersonal: **molianner**

moliannwn
moliannwch
moliannent

VERBAL ADJECTIVES
molianedig 'praised, praiseworthy'
molianadwy 'praiseworthy'

mwynhau
'enjoy'

Stem: **mwynha-**

PRESENT / FUTURE
mwynhaf	mwynhawn
mwynhei	mwynhewch
mwynha	mwynhânt

Impersonal: **mwynheir**

IMPERFECT / CONDITIONAL
mwynhawn	mwynhaem
mwynheit	mwynhaech
mwynhâi	mwynhaent

Impersonal: **mwynheid**

PAST
mwynheais	mwynhasom
mwynheaist	mwynhasoch
mwynhaodd	mwynhasant

Impersonal: **mwynhawyd**

PLUPERFECT
mwynhaswn	mwynhasem
mwynhasit	mwynhasech
mwynhasai	mwynhasent

Impersonal: **mwynhesid, mwynhasid**

SUBJUNCTIVE PRESENT
mwynhawyf	mwynhaom
mwynheych	mwynhaoch
mwynhao	mwynhaont

Impersonal: **mwynhaer**

IMPERATIVE
- -	mwynhawn
mwynha	mwynhewch
mwynhaed	mwynhaent

Impersonal: **mwynhaer**

VERBAL ADJECTIVES
- -

194

PRESENT/FUTURE

af	**awn**
ei	**ewch**
â	**ânt**

Impersonal: **eir, elir**

IMPERFECT

awn	**aem**
ait	**aech**
âi	**aent**

Impersonal: **eid, elid**

CONDITIONAL

elwn	**elem**
elit	**elech**
elai	**elent**

Impersonal: **eid, elid**

PAST

euthum	**aethom**
aethost	**aethoch**
aeth	**aethant**

Impersonal: **aethpwyd, aed, awd**

PLUPERFECT

aethwn, elswn	**aethem, elsem**
aethit, elsit	**aethech, elsech**
aethai, elsai	**aethent, elsent**

Impersonal: **aethid, elsid**

SUBJUNCTIVE PRESENT

elwyf	**elom**
elych	**eloch**
êl, elo	**elont**

Impersonal: **eler**

mynd, myned

SUBJUNCTIVE IMPERFECT

elwn	elem
elit	elech
elai	(obs.) **elynt, elent**

Impersonal: **elid**

IMPERATIVE

- -	awn
dos, cer	ewch
aed	aent

Impersonal: **aer, eler**

VERBAL ADJECTIVES
mynededig 'gone'
mynedadwy 'capable of going'

PRESENT/FUTURE

mynnaf	**mynnwn**
mynni	**mynnwch**
myn	**mynnant**

Impersonal: **mynnir**

IMPERFECT/CONDITIONAL

mynnwn	**mynnem**
mynnit	**mynnech**
mynnai	**mynnent**

Impersonal: **mynnid**

PAST

mynnais	**mynasom**
mynnaist	**mynasoch**
mynnodd	**mynasant**

Impersonal: **mynnwyd**

PLUPERFECT

mynaswn	**mynasem**
mynasit	**mynasech**
mynasai	**mynasent**

Impersonal: **mynasid**

SUBJUNCTIVE PRESENT

mynnwyf	**mynnom**
mynnych	**mynnoch**
mynno	**mynnont**

Impersonal: **mynner**

IMPERATIVE

- -	**mynnwn**
myn	**mynnwch**
mynned	**mynnent**

Impersonal: **mynner**

VERBAL ADJECTIVES

- -

197

neidio
'jump; throb'

Stem: **neidi-**

PRESENT/FUTURE
neidiaf	neidiwn
neidi	neidiwch
naid, neidia	neidiant

Impersonal: **neidir**

IMPERFECT/CONDITIONAL
neidiwn	neidiem
neidit	neidiech
neidiai	neidient

Impersonal: **neidid**

PAST
neidiais	neidiasom
neidiaist	neidiasoch
neidiodd	neidiasant

Impersonal: **neidiwyd**

PLUPERFECT
neidiaswn	neidiasem
neidiasit	neidiasech
neidiasai	neidiasent

Impersonal: **neidiasid, neidiesid**

SUBJUNCTIVE PRESENT
neidiwyf	neidiom
neidiech	neidioch
neidio	neidiont

Impersonal: **neidier**

IMPERATIVE
- -	neidiwn
naid, neidia	neidiwch
neidied	neidient

Impersonal: **neidier**

VERBAL ADJECTIVES
neidiadwy 'jumpable'

198

PRESENT/FUTURE

nesâf	nesawn
nesei	nesewch
nesâ	nesânt

Impersonal: **neseir**

IMPERFECT/CONDITIONAL

nesawn	nesaem
nesait	nesaech
nesâi	nesaent

Impersonal: **neseid**

PAST

neseais	nesasom
neseaist	nesasoch
nesaodd	nesesant

Impersonal: **nesawyd**

PLUPERFECT

nesaswn	nesasem
nesasit	nesasech
nesasai	nesasent

Impersonal: **nesasid**

SUBJUNCTIVE PRESENT

nesawyf	nesaom
neseych	nesaoch
nesao	nesaont

Impersonal: **nesaer**

IMPERATIVE

- -	nesawn
nesâ	nesewch
nesaed	nesaent

Impersonal: **nesaer**

VERBAL ADJECTIVES
nesedig 'approximated'

newid
'change'

PRESENT/FUTURE

newidiaf	newidiwn
newidi	newidiwch
newidia	newidiant

Impersonal: **newidir**

IMPERFECT/CONDITIONAL

newidiwn	newidiem
newidit	newidiech
newidiai	newidient

Impersonal: **newidid**

PAST

newidiais	newidiasom
newidiaist	newidiasoch
newidiodd	newidiasant

Impersonal: **newidiwyd**

PLUPERFECT

newidiaswn	newidiasem
newidiasit	newidiasech
newidiasai	newidiasent

Impersonal: **newidiasid, newidiesid**

SUBJUNCTIVE PRESENT

newidiwyf	newidiom
newidiech	newidioch
newidio	newidiont

Impersonal: **newidier**

IMPERATIVE

- -	newidiwn
newid,	newidiwch
newidia	newidient
newidied	

Impersonal: **newidier**

VERBAL ADJECTIVES
newidiedig 'changed'
newidiadwy 'changeable'

PRESENT / FUTURE

nofiaf	nofiwn
nofi	nofiwch
(obs.) nawf,	nofiant
nofia	

Impersonal: **nofir**

IMPERFECT / CONDITIONAL

nofiwn	nofiem
nofit	nofiech
nofiai	nofient

Impersonal: **nofid**

PAST

nofiais	nofiasom
nofiaist	nofiasoch
nofiodd	nofiasant

Impersonal: **nofiwyd**

PLUPERFECT

nofiaswn	nofiasem
nofiasit	nofiasech
nofiasai	nofiasent

Impersonal: **nofiasid, nofiesid**

SUBJUNCTIVE PRESENT

nofiwyf	nofiom
nofiech	nofioch
nofio	nofiont

Impersonal: **nofier**

IMPERATIVE

- -	nofiwn
nofia	nofiwch
nofied	nofient

Impersonal: **nofier**

VERBAL ADJECTIVES

nofiedig 'swum, floated'
nofiadwy 'swimmable, navigable'

nosi

'become night' (third person singular only)   Stem: **nos-**

<hr>

PRESENT / FUTURE

\- -
\- -
nosa

IMPERFECT / CONDITIONAL

\- -
\- -
nosâi

PAST

\- -
\- -
nosodd

PRESENT / FUTURE

parhaf	parhawn
parhei	parhewch
pery, parha,	parhânt
para	

Impersonal: **parheir**

IMPERFECT / CONDITIONAL

parhawn	parhaem
parhait	parhaech
parhâi	parhaent

Impersonal: **parheid**

PAST

parheais	parhasom
parheaist	parhasoch
parhaodd	parhasant

Impersonal: **parhawyd**

PLUPERFECT

parhaswn	parhasem
parhasit	parhasech
parhasai	parhasent

Impersonal: **parhaesid**

SUBJUNCTIVE PRESENT

parhawyf	parhaom
parheych	parhaoch
parhao	parhaont

Impersonal: **parhaer**

IMPERATIVE

- -	parhawn
para	parhewch
parhaed	parhaent

Impersonal: **parhaer**

VERBAL ADJECTIVES
parhaol 'perpetual'

paratoi

PRESENT/FUTURE

paratoaf	**paratown**
paratoi	**paratowch**
paratoa	**paratoant**

Impersonal: **paratoir**

IMPERFECT/CONDITIONAL

paratown	**paratoem**
paratoit	**paratoech**
paratôi, paratoai	**paratoent**

Impersonal: **paratoid**

PAST

paratois, paratoais	**paratoesom**
paratoist,	**paratoesoch**
paratoaist	**paratoesant**
paratôdd, paratoes	

Impersonal: **paratowyd**

PLUPERFECT

paratoeswn	**paratoesem**
paratoesit	**paratoesech**
paratoesai	**paratoesant**

Impersonal: **paratoesid**

SUBJUNCTIVE PRESENT

paratowyf	**paratôm**
paratoech	**paratôch**
paratô	**paratônt**

Impersonal: **paratoer**

IMPERATIVE

- -	**paratown**
paratoa	**paratowch**
paratoed	**paratoent**

Impersonal: **paratoer**

VERBAL ADJECTIVES

paratoedig 'prepared'
paratoadwy 'preparable'

PRESENT/FUTURE

parchaf	parchwn
perchi	perchwch,
(obs.) peirch,	parchwch
parcha	parchant
Impersonal: perchir	

IMPERFECT/CONDITIONAL

parchwn	parchem
parchit	parchech
parchai	parchent
Impersonal: perchid	

PAST

parchais	parchasom
parchaist	parchasoch
parchodd	parchasant
Impersonal: parchwyd	

PLUPERFECT

parchaswn	parchasem
parchasit	parchasech
parchasai	parchasent
Impersonal: parchasid	

SUBJUNCTIVE PRESENT

parchwyf	parchom
parchych	parchoch
parcho	parchont
Impersonal: parcher	

IMPERATIVE

- -	parchwn
parcha	parchwch
parched	parchent
Impersonal: parcher	

VERBAL ADJECTIVES

parchedig 'reverent, reverend'
parchadwy 'respectable, reputable'

peidio
'cease, stop'

PRESENT / FUTURE

peidiaf	peidiwn
peidi	peidiwch
paid, peidia	peidiant

Impersonal: **peidir**

IMPERFECT / CONDITIONAL

peidiwn	peidiem
peidit	peidiech
peidiai	peidient

Impersonal: **peidid**

PAST

peidiais	peidiasom
peidiaist	peidiasoch
peidiodd	peidiasant

Impersonal: **peidiwyd**

PLUPERFECT

peidiaswn	peidiasem
peidiasit	peidiasech
peidiasai	peidiasent

Impersonal: **peidiasid, peidiesid**

SUBJUNCTIVE PRESENT

peidiwyf	peidiom
peidiech	peidioch
peidio	peidiont

Impersonal: **peidier**

IMPERATIVE

- -	peidiwn
paid	peidiwch
peidied	peidient

Impersonal: **peidier**

VERBAL ADJECTIVES

peidiedig 'ended'

PRESENT/FUTURE

penderfynaf	**penderfynwn**
penderfyni	**penderfynwch**
penderfyna	**penderfynant**

Impersonal: **penderfynir**

IMPERFECT/CONDITIONAL

penderfynwn	**penderfynem**
penderfynit	**penderfynech**
penderfynai	**penderfynent**

Impersonal: **penderfynid**

PAST

penderfynais	**penderfynasom**
penderfynaist	**penderfynasoch**
penderfynodd	**penderfynasant**

Impersonal: **penderfynwyd**

PLUPERFECT

penderfynaswn	**penderfynasem**
penderfynasit	**penderfynasech**
penderfynasai	**penderfynasent**

Impersonal: **penderfynasid, penderfynesid**

SUBJUNCTIVE PRESENT

penderfynwyf	**penderfynom**
penderfynych	**penderfynoch**
penderfyno	**penderfynont**

Impersonal: **penderfyner**

IMPERATIVE

- -	**penderfynwn**
penderfyna	**penderfynwch**
penderfyned	**penderfynent**

Impersonal: **penderfyner**

VERBAL ADJECTIVES

penderfynedig 'determinate'
penderfynadwy 'determinable'
penderfynol 'decisive, determined'

peri
'cause'

PRESENT/FUTURE

paraf	parwn
peri	perwch, parwch
pair, pâr	parant

Impersonal: **perir**

IMPERFECT/CONDITIONAL

parwn	parem
parit	parech
parai	parent

Impersonal: **perid**

PAST

perais	parasom
peraist	parasoch
parodd	parasant

Impersonal: **parwyd**

PLUPERFECT

paraswn	parasem
parasit	parasech
parasai	parasent

Impersonal: **parasid, paresid**

SUBJUNCTIVE PRESENT

parwyf	parom
perych	paroch
paro	paront

Impersonal: **parer**

IMPERATIVE

- -	parwn
pâr	perwch, parwch
pared	parent

Impersonal: **parer**

VERBAL ADJECTIVES

paredig 'caused'
paradwy 'causable, effectible'

208

PRESENT

\- -
\- -
piau

FUTURE

\- -
\- -
(obs.) **pieufydd**

PAST

\- -
\- -
(obs.) **pioedd**

SUBJUNCTIVE PRESENT

\- -
\- -
(obs.) **pieufwyf**

plannu
'plant'

PRESENT/FUTURE
plannaf	**plannwn**
plenni	**plannwch**
planna	**plannant**

Impersonal: **plennir**

IMPERFECT/CONDITIONAL
plannwn	**plannem**
plannit	**plannech**
plannai	**plannent**

Impersonal: **plennid**

PAST
plennais	**planasom**
plannaist	**planasoch**
plannodd	**planasant**

Impersonal: **plannwyd**

PLUPERFECT
planaswn	**planasem**
planasit	**planasech**
planasai	**planasent**

Impersonal: **planasid, planesid**

SUBJUNCTIVE PRESENT
plannwyf	**plannom**
plennych	**plannoch**
planno	**plannont**

Impersonal: **planner**

IMPERATIVE
- -	**plannwn**
planna	**plannwch**
planned	**plannent**

Impersonal: **planner**

VERBAL ADJECTIVES
planedig 'planted, set'
planadwy 'plantable'

210

PRESENT/FUTURE

plygaf	**plygwn**
plygi	**plygwch**
plyg, plyga	**plygant**

Impersonal: **plygir**

IMPERFECT/CONDITIONAL

plygwn	**plygem**
plygit	**plygech**
plygai	**plygent**

Impersonal: **plygid**

PAST

plygais	**plygasom**
plygaist	**plygasoch**
plygodd	**plygasant**

Impersonal: **plygwyd**

PLUPERFECT

plygaswn	**plygasem**
plygasit	**plygasech**
plygasai	**plygasent**

Impersonal: **plygasid, plygesid**

SUBJUNCTIVE PRESENT

plygwyf	**plygom**
plygych	**plygoch**
plygo	**plygont**

Impersonal: **plyger**

IMPERATIVE

- -	**plygwn**
plyg, plyga	**plygwch**
plyged	**plygent**

Impersonal: **plyger**

VERBAL ADJECTIVES

plygedig, plygiedig 'doubled, folded'
plygadwy 'folding, foldable'

pori
'graze'

PRESENT / FUTURE

poraf	porwn
pori	porwch
pawr, pora	porant

Impersonal: **porir**

IMPERFECT / CONDITIONAL

porwn	porem
porit	porech
porai	porent

Impersonal: **porid**

PAST

porais	porasom
poraist	porasoch
porodd	porasant

Impersonal: **porwyd**

PLUPERFECT

poraswn	porasem
porasit	porasech
porasai	porasent

Impersonal: **porasid, poresid**

SUBJUNCTIVE PRESENT

porwyf	porom
porych	poroch
poro	poront

Impersonal: **porer**

IMPERATIVE

- -	porwn
pora	porwch
pored	porent

Impersonal: **porer**

VERBAL ADJECTIVES

poredig 'grazed'
poradwy 'that can be grazed'

PRESENT/FUTURE

profaf	profwn
profi	profwch
prawf, profa	profant

Impersonal: **profir**

IMPERFECT/CONDITIONAL

profwn	profem
profit	profech
profai	profent

Impersonal: **profid**

PAST

profais	profasom
profaist	profasoch
profodd	profasant

Impersonal: **profwyd**

PLUPERFECT

profaswn	profasem
profasit	profasech
profasai	profasent

Impersonal: **profasid, profesid**

SUBJUNCTIVE PRESENT

profwyf	profom
profych	profoch
profo	profont

Impersonal: **profer**

IMPERATIVE

- -	profwn
profa	profwch
profed	profent

Impersonal: **profer**

VERBAL ADJECTIVES

profedig 'tried, approved'
profadwy 'provable, essayable'

prynu
'buy, redeem'

Stem: **pryn-**

PRESENT/FUTURE

prynaf	prynwn
pryni	prynwch
prŷn, pryn	prynant

Impersonal: **prynir**

IMPERFECT/CONDITIONAL

prynwn	prynem
prynit	prynech
prynai	prynent

Impersonal: **prynid**

PAST

prynais	prynasom
prynaist	prynasoch
prynodd	prynasant

Impersonal: **prynwyd**

PLUPERFECT

prynaswn	prynasem
prynasit	prynasech
prynasai	prynasent

Impersonal: **prynasid, prynesid**

SUBJUNCTIVE PRESENT

prynwyf	prynom
prynych	prynoch
pryno	prynont

Impersonal: **pryner**

IMPERATIVE

- -	prynwn
pryn, pryna	prynwch
pryned	prynent

Impersonal: **pryner**

VERBAL ADJECTIVES

prynedig 'purchased, bought; redeemed'
prynadwy 'purchasable, buyable'
pryn 'bought'

214

PRESENT/FUTURE

rhannaf	**rhannwn**
rhenni	**rhennwch, rhannwch**
rhan	**rhannant**

Impersonal: **rhennir**

IMPERFECT/CONDITIONAL

rhannwn	**rhannem**
rhannit	**rhannech**
rhannai	**rhannent**

Impersonal: **rhennid**

PAST

rhennais	**rhanasom**
rhennaist	**rhanasoch**
rhannodd	**rhanasant**

Impersonal: **rhannwyd**

PLUPERFECT

rhanaswn	**rhanasem**
rhanasit	**rhanasech**
rhanasai	**rhanasent**

Impersonal: **rhanasid, rhanesid**

SUBJUNCTIVE PRESENT

rhannwyf	**rhannom**
rhennych	**rhannoch**
rhanno	**rhannont**

Impersonal: **rhanner**

IMPERATIVE

- -	**rhannwn**
rhan	**rhennwch, rhannwch**
rhanned	**rhannent**

Impersonal: **rhanner**

VERBAL ADJECTIVES

rhanedig 'divided'
rhanadwy 'capable of being shared'

rhedeg
'run, flow'

PRESENT/FUTURE
rhedaf	**rhedwn**
rhedi	**rhedwch**
rhed	**rhedant**

Impersonal: **rhedir**

IMPERFECT/CONDITIONAL
rhedwn	**rhedem**
rhedit	**rhedech**
rhedai	**rhedent**

Impersonal: **rhedid**

PAST
rhedais	**rhedasom**
rhedaist	**rhedasoch**
rhedodd	**rhedasant**

Impersonal: **rhedwyd**

PLUPERFECT
rhedaswn	**rhedasem**
rhedasit	**rhedasech**
rhedasai	**rhedasent**

Impersonal: **rhedasid, rhedesid**

SUBJUNCTIVE PRESENT
rhedwyf	**rhedom**
rhedych	**rhedoch**
rhedo	**rhedont**

Impersonal: **rheder**

IMPERATIVE
- -	**rhedwn**
rhed	**rhedwch**
rheded	**rhedent**

Impersonal: **rheder**

VERBAL ADJECTIVES
rhededig 'being made to run'
rhedadwy 'current'

PRESENT/FUTURE

rhodiaf	rhodiwn
rhodi	rhodiwch
rhodia	rhodiant

Impersonal: **rhodir**

IMPERFECT/CONDITIONAL

rhodiwn	rhodiem
rhodit	rhodiech
rhodiai	rhodient

Impersonal: **rhodid**

PAST

rhodiais	rhodiasom
rhodiaist	rhodiasoch
rhodiodd	rhodiasant

Impersonal: **rhodiwyd**

PLUPERFECT

rhodiaswn	rhodiasem
rhodiasit	rhodiasech
rhodiasai	rhodiasent

Impersonal: **rhodiasid, rhodiesid**

SUBJUNCTIVE PRESENT

rhodiwyf	rhodiom
rhodiech	rhodioch
rhodio	rhodiont

Impersonal: **rhodier**

IMPERATIVE

- -	rhodiwn
rhodia	rhodiwch
rhodied	rhodient

Impersonal: **rhodier**

VERBAL ADJECTIVES
rhodiedig 'being walked or strolled'

217

rhoi, rhoddi
'give, put'

PRESENT/FUTURE

rhof, rhoddaf
rhoi, rhoddi
rhy, rhydd, (compound
    form) dyry
Impersonal: **rhoir, rhoddir**

rhown, rhoddwn
rhowch, rhoddwch
rhônt, rhont, rhoddant

IMPERFECT/CONDITIONAL

rhown, rhoddwn
rhoit, rhoddit
rhôi, rhoddai
Impersonal: **rhoid, rhoddid**

rhoem, rhoddem
rhoech, rhoddech
rhoent, rhoddent

PAST

rhois, rhoddais
rhoist, rhoddaist
rhoes, (obs.) rhoddes, rhodd,
    rhoddodd
Impersonal: **rhoed, rhowd, rhoddwyd, rhodded**

rhoesom, rhoddasom
rhoesoch, rhoddasoch
rhoesant, rhoddasant

PLUPERFECT

rhoeswn, rhoddaswn
rhoesit, rhoddasit
rhoesai, rhoddasai
Impersonal: **rhoesid, rhoddesid**

rhoesem, rhoddasem
rhoesech, rhoddasech
rhoesent, rhoddasent

SUBJUNCTIVE PRESENT

rhowyf, rhoddwyf
rhoech, rhoddych, rhoddech
rho, rhoddo, rhotho
Impersonal: **rhoer, rhodder**

rhôm, rhoddom
rhoch, rhoddoch
rhônt, rhoddont

IMPERATIVE

- -
rho, (compound form) dyro
rhoed, rhodded
Impersonal: **rhoer, rhodder**

rhown, rhoddwn
rhowch, rhoddwch
rhoent, rhoddent

VERBAL ADJECTIVES
rhoddedig 'given'
rhoddadwy 'capable of being given'

rhynnu
'shiver'

Stem: **rhynn-**

PRESENT / FUTURE
rhynnaf	rhynnwn
rhynni	rhynnwch
rhynna	rhynnant

Impersonal: **rhynnir**

IMPERFECT / CONDITIONAL
rhynnwn	rhynnem
rhynnit	rhynnech
rhynnai	rhynnent

Impersonal: **rhynnid**

PAST
rhynnais	rhynasom
rhynnaist	rhynasoch
rhynnodd	rhynasant

Impersonal: **rhynnwyd**

PLUPERFECT
rhynaswn	rhynasem
rhynasit	rhynasech
rhynasai	rhynasent

Impersonal: **rhynasid, rhynesid**

SUBJUNCTIVE PRESENT
rhynnwyf	rhynnom
rhynnych	rhynnoch
rhynno	rhynnont

Impersonal: **rhynner**

IMPERATIVE
- -	rhynnwn
rhynna	rhynnwch
rhynned	rhynnent

Impersonal: **rhynner**

VERBAL ADJECTIVES
rhynedig 'frozen, shivering'

PRESENT/FUTURE

saethaf	saethwn
saethi	saethwch
saetha	saethant

Impersonal: **saethir**

IMPERFECT/CONDITIONAL

saethwn	saethem
saethit	saethech
saethai	saethent

Impersonal: **saethid**

PAST

saethais	saethasom
saethaist	saethasoch
saethodd	saethasant

Impersonal: **saethwyd**

PLUPERFECT

saethaswn	saethasem
saethasit	saethasech
saethasai	saethasent

Impersonal: **saethasid, saethesid**

SUBJUNCTIVE PRESENT

saethwyf	saethom
saethych	saethoch
saetho	saethont

Impersonal: **saether**

IMPERATIVE

- -	saethwn
saetha	saethwch
saethed	saethent

Impersonal: **saether**

VERBAL ADJECTIVES

saethedig 'shot or ejected'
saethadwy 'that can be shot'

sangu, sengi
'tread'

PRESENT/FUTURE

sangaf	sangwn
sengi	sengwch, sangwch
sang	sangant

Impersonal: sengir

IMPERFECT/CONDITIONAL

sangwn	sangem
sengit	sangech
sangai	sangent

Impersonal: sengid

PAST

sengais	sangasom
sengaist	sangasoch
sangodd	sangasant

Impersonal: sangwyd

PLUPERFECT

sangaswn	sangasem
sangasit	sangasech
sangasai	sangasent

Impersonal: sangasid, sangesid

SUBJUNCTIVE PRESENT

sangwyf	sangom
sengych	sangoch
sango	sangont

Impersonal: sanger

IMPERATIVE

- -	sangwn
sang	sengwch, sangwch
sanged	sangent

Impersonal: sanger

VERBAL ADJECTIVES

sangedig 'trodden, trampled'
sangadwy 'that can be trodden'

PRESENT/FUTURE

safaf	safwn
sefi	sefwch, safwch
saif	safant

Impersonal: **sefir**

IMPERFECT/CONDITIONAL

safwn	safem
safit	safech
safai	safent

Impersonal: **sefid**

PAST

sefais	safasom
sefaist	safasoch
safodd	safasant

Impersonal: **safwyd**

PLUPERFECT

safaswn	safasem
safasit	safasech
safasai	safasent

Impersonal: **safasid, safesid**

SUBJUNCTIVE PRESENT

safwyf	safom
sefych	safoch
safo	safont

Impersonal: **safer**

IMPERATIVE

- -	safwn
saf	sefwch, safwch
safed	safent

Impersonal: **safer**

VERBAL ADJECTIVES

safedig 'steadfast, firm'
safadwy 'established, stable, abiding, lasting'

PRESENT / FUTURE

siaradaf	siaradwn
siaredi	siaredwch,
sieryd	siaradwch
	siaradant

Impersonal: **siaredir**

IMPERFECT / CONDITIONAL

siaradwn	siaradem
siaradit	siaradech
siaradai	siaradent

Impersonal: **siaredid**

PAST

siaredais	siaradasom
siaredaist	siaradasoch
siaradodd	siaradasant

Impersonal: **siaradwyd**

PLUPERFECT

siaradaswn	siaradasem
siaradasit	siaradasech
siaradasai	siaradasent

Impersonal: **siaradasid, siaradesid**

SUBJUNCTIVE PRESENT

siaradwyf	siaradom
siaredych	siaradoch
siarado	siaradont

Impersonal: **siarader**

IMPERATIVE

- -	siaradwn
siarad	siaredwch,
siaraded	siaradwch
	siaradent

Impersonal: **siarader**

VERBAL ADJECTIVES
- -

PRESENT/FUTURE
sibrydaf	sibrydwn
sibrydi	sibrydwch
sibrwd,	sibrydant
sibryda	

Impersonal: **sibrydir**

IMPERFECT/CONDITIONAL
sibrydwn	sibrydem
sibrydit	sibrydech
sibrydai	sibrydent

Impersonal: **sibrydid**

PAST
sibrydais	sibrydasom
sibrydaist	sibrydasoch
sibrydodd	sibrydasant

Impersonal: **sibrydwyd**

PLUPERFECT
sibrydaswn	sibrydasem
sibrydasit	sibrydasech
sibrydasai	sibrydasent

Impersonal: **sibrydasid, sibrydesid**

SUBJUNCTIVE PRESENT
sibrydiwyf	sibrydiom
sibrydych	sibrydioch
sibrydio	sibrydiont

Impersonal: **sibryder**

IMPERATIVE
- -	sibrydwn
sibryda	sibrydwch
sibryded	sibrydent

Impersonal: **sibryder**

VERBAL ADJECTIVES
sibrydedig 'whispered'
sibrydadwy 'whisperable'

sôn
'mention'

PRESENT / FUTURE

soniaf	soniwn
sonni	soniwch
sonia	soniant

Impersonal: **sonir, sonnir**

IMPERFECT / CONDITIONAL

soniwn	soniem
sonnit	soniech
soniai	sonient

Impersonal: **sonid, sonnid**

PAST

soniais	soniasom
soniaist	soniasoch
soniodd	soniasant

Impersonal: **soniwyd**

PLUPERFECT

soniaswn	soniasem
soniasit	soniasech
soniasai	soniasent

Impersonal: **soniasid, soniesid**

SUBJUNCTIVE PRESENT

soniwyf	soniom
soniech	sonioch
sonio	soniont

Impersonal: **soniera**

IMPERATIVE

- -	soniwn
sonia	soniwch
sonied	sonient

Impersonal: **sonier**

VERBAL ADJECTIVES
soniedig 'rumored, reported, mentioned'

PRESENT/FUTURE

sychaf	**sychwn**
sychi	**sychwch**
sych	**sychant**

Impersonal: **sychir**

IMPERFECT/CONDITIONAL

sychwn	**sychem**
sychit	**sychech**
sychai	**sychent**

Impersonal: **sychid**

PAST

sychais	**sychasom**
sychaist	**sychasoch**
sychodd	**sychasant**

Impersonal: **sychwyd**

PLUPERFECT

sychaswn	**sychasem**
sychasit	**sychasech**
sychasai	**sychasent**

Impersonal: **sychasid, sychesid**

SUBJUNCTIVE PRESENT

sychwyf	**sychom**
sychych	**sychoch**
sycho	**sychont**

Impersonal: **sycher**

IMPERATIVE

- -	**sychwn**
sych, sycha	**sychwch**
syched	**sychent**

Impersonal: **sycher**

VERBAL ADJECTIVES

sychedig 'thirsty'
sychadwy 'dryable'

synnu
'wonder, surprise'

Stem: **synn-**

PRESENT / FUTURE

synnaf	synnwn
synni	synnwch
synn, synna	synnant

Impersonal: **synnir**

IMPERFECT / CONDITIONAL

synnwn	synnem
synnit	synnech
synnai	synnent

Impersonal: **synnid**

PAST

synnais	synasom
synnaist	synasoch
synnodd	synasant

Impersonal: **synnwyd**

PLUPERFECT

synaswn	synasem
synasit	synasech
synasai	synasent

Impersonal: **synasid, synesid**

SUBJUNCTIVE PRESENT

synnwyf	synnom
synnych	synnoch
synno	synnont

Impersonal: **synner**

IMPERATIVE

- -	synnwn
synna	synnwch
synned	synnent

Impersonal: **synner**

VERBAL ADJECTIVES

synedig 'astonished, stunned'
synadwy 'who can be surprised'

Stem: **syrthi-**

PRESENT/FUTURE

syrthiaf	**syrthiwn**
syrthi	**syrthiwch**
syrth,	**syrthiant**
syrthia	

Impersonal: **syrthir**

IMPERFECT/CONDITIONAL

syrthiwn	**syrthiem**
syrthit	**syrthiech**
syrthiai	**syrthient**

Impersonal: **syrthid**

PAST

syrthiais	**syrthiasom**
syrthiaist	**syrthiasoch**
syrthiodd	**syrthiasant**

Impersonal: **syrthiwyd**

PLUPERFECT

syrthiaswn	**syrthiasem**
syrthiasit	**syrthiasech**
syrthiasai	**syrthiasent**

Impersonal: **syrthiasid, syrthiesid**

SUBJUNCTIVE PRESENT

syrthiwyf	**syrthiom**
syrthiech	**syrthioch**
syrthio	**syrthiont**

Impersonal: **syrthier**

IMPERATIVE

- -	**syrthiwn**
syrthia	**syrthiwch**
syrthied	**syrthient**

Impersonal: **syrthier**

VERBAL ADJECTIVES

syrthiedig 'fallen'
syrthiadwy 'capable of falling'

taeru
'maintain, insist'

PRESENT/FUTURE

taeraf	taerwn
taeri	taerwch
taera	taerant

Impersonal: **taerir**

IMPERFECT/CONDITIONAL

taerwn	taerem
taerit	taerech
taerai	taerent

Impersonal: **taerid**

PAST

taerais	taerasom
taeraist	taerasoch
taerodd	taerasant

Impersonal: **taerwyd**

PLUPERFECT

taeraswn	taerasem
taerasit	taerasech
taerasai	taerasent

Impersonal: **taerasid**

SUBJUNCTIVE PRESENT

taerwyf	taerom
taerych	taeroch
taero	taeront

Impersonal: **taerer**

IMPERATIVE

- -	taerwn
taera	taerwch
taered	taerent

Impersonal: **taerer**

VERBAL ADJECTIVES

- -

PRESENT / FUTURE

taflaf	taflwn
tefli	teflwch, taflwch
teifl	taflant

Impersonal: **teflir**

IMPERFECT / CONDITIONAL

taflwn	taflem
taflit	taflech
taflai	taflent

Impersonal: **teflid**

PAST

teflais	taflasom
teflaist	taflasoch
taflodd	taflasant

Impersonal: **taflwyd**

PLUPERFECT

taflaswn	taflasem
taflasit	taflasech
taflasai	taflasent

Impersonal: **taflasid, taflesid**

SUBJUNCTIVE PRESENT

taflwyf	taflom
teflych	tafloch
taflo	taflont

Impersonal: **tafler**

IMPERATIVE

- -	taflwn
tafla	teflwch, taflwch
tafled	taflent

Impersonal: **tafler**

VERBAL ADJECTIVES

tafledig 'thrown, flung'
tafladwy 'capable of being thrown'

talu
'pay'

PRESENT/FUTURE

talaf	talwn
teli	talwch
tâl	talant

Impersonal: **telir**

IMPERFECT/CONDITIONAL

talwn	talem
talit	talech
talai	talent

Impersonal: **telid**

PAST

telais	talasom
telaist	talasoch
talodd	talasant

Impersonal: **talwyd**

PLUPERFECT

talaswn	talasem
talasit	talasech
talasai	talasent

Impersonal: **talasid, talesid**

SUBJUNCTIVE PRESENT

talwyf	talom
telych	taloch
talo	talont

Impersonal: **taler**

IMPERATIVE

- -	talwn
tâl	talwch
taled	talent

Impersonal: **taler**

VERBAL ADJECTIVES

taledig 'rewarded, paid'
taladwy 'payable, due'

232

Stem: **tarf-**

PRESENT/FUTURE

tarfaf	**tarfwn**
terfi	**tarfwch**
(obs.) **teirf,**	**tarfant**
tarfa	

Impersonal: **terfir**

IMPERFECT/CONDITIONAL

tarfwn	**tarfem**
tarfit	**tarfech**
tarfai	**tarfent**

Impersonal: **terfid**

PAST

terfais	**tarfasom**
terfaist	**tarfasoch**
tarfodd	**tarfasant**

Impersonal: **tarfwyd**

PLUPERFECT

tarfaswn	**tarfasem**
tarfasit	**tarfasech**
tarfasai	**tarfasent**

Impersonal: **tarfasid, tarfesid**

SUBJUNCTIVE PRESENT

tarfwyf	**tarfom**
terfych	**tarfoch**
tarfo	**tarfont**

Impersonal: **tarfer**

IMPERATIVE

- -	**tarfwn**
tarf	**tarfwch**
tarfed	**tarfent**

Impersonal: **tarfer**

VERBAL ADJECTIVES

tarfedig 'scattered, frightened, scared'

taro
'strike, hit'

PRESENT/FUTURE

trawaf	trawn
trewi	trewch
tery, trawa	trawant

Impersonal: **trewir**

IMPERFECT/CONDITIONAL

trawn	trawem
trawit	trawech
trawai	trawent

Impersonal: **trewid**

PAST

trewais	trawsom
trewaist	trawsoch
trawodd	trawsant

Impersonal: **trawyd**

PLUPERFECT

trawswn	trawsem
trawsit	trawsech
trawsai	trawsent

Impersonal: **trawsid**

SUBJUNCTIVE PRESENT

trawyf	trawom
trewych	trawoch
trawo	trawont

Impersonal: **trawer**

IMPERATIVE

- -	trawn
taro	trewch
trawed	trawent

Impersonal: **trawer**

VERBAL ADJECTIVES

trawedig 'struck'
trawadwy 'strikeable'

terfynu
'end, terminate, limit'

PRESENT/FUTURE

terfynaf	**terfynwn**
terfyni	**terfynwch**
terfyna	**terfynant**

Impersonal: **terfynir**

IMPERFECT/CONDITIONAL

terfynwn	**terfynem**
terfynit	**terfynech**
terfynai	**terfynent**

Impersonal: **terfynid**

PAST

terfynais	**terfynasom**
terfynaist	**terfynasoch**
terfynodd	**terfynasant**

Impersonal: **terfynwyd**

PLUPERFECT

terfynaswn	**terfynasem**
terfynasit	**terfynasech**
terfynasai	**terfynasent**

Impersonal: **terfynasid, terfynesid**

SUBJUNCTIVE PRESENT

terfynwyf	**terfynom**
terfynych	**terfynoch**
terfyno	**terfynont**

Impersonal: **terfyner**

IMPERATIVE

- -	**terfynwn**
terfyna	**terfynwch**
terfyned	**terfynent**

Impersonal: **terfyner**

VERBAL ADJECTIVES

terfynedig 'determinate, determined, ended'
terfynadwy 'determinable'

tewi
'be silent'   Stem: **taw-**

PRESENT/FUTURE

tawaf	**tawn**
tewi	**tewch**
(obs.) **tau,**	**tawant**
tawa	

Impersonal: **tewir**

IMPERFECT/CONDITIONAL

tawn	**tawem**
tewit, tawit	**tawech**
tawai	**tawent**

Impersonal: **tewid**

PAST

tewais	**tawsom**
tewaist	**tawsoch**
tawodd	**tawsant**

Impersonal: **tawyd**

PLUPERFECT

tawswn	**tawsem**
tawsit	**tawsech**
tawsai	**tawsent**

Impersonal: **tawsid, tewsid**

SUBJUNCTIVE PRESENT

tawyf	**tawom**
tewych	**tawoch**
tawo	**tawont**

Impersonal: **tawer**

IMPERATIVE

- -	**tawn**
taw	**tewch**
tawed	**tawent**

Impersonal: **tawer**

VERBAL ADJECTIVES

tawedig 'silenced'

Stem: **todd-**

PRESENT/FUTURE

toddaf	**toddwn**
toddi	**toddwch**
tawdd	**toddant**

Impersonal: **toddir**

IMPERFECT/CONDITIONAL

toddwn	**toddem**
toddit	**toddech**
toddai	**toddent**

Impersonal: **toddid**

PAST

toddais	**toddasom**
toddaist	**toddasoch**
toddodd	**toddasant**

Impersonal: **toddwyd**

PLUPERFECT

toddaswn	**toddasem**
toddasit	**toddasech**
toddasai	**toddasent**

Impersonal: **toddasid, toddesid**

SUBJUNCTIVE PRESENT

toddwyf	**toddom**
toddech	**toddoch**
toddo	**toddont**

Impersonal: **todder**

IMPERATIVE

- -	**toddwn**
todda	**toddwch**
todded	**toddent**

Impersonal: **todder**

VERBAL ADJECTIVES

toddedig 'dissolved, melted'
toddadwy 'that can be melted'

PRESENT / FUTURE

toaf	town
toi	towch
toa	toant

Impersonal: **toir**

IMPERFECT / CONDITIONAL

town	toem
toit	toech
toai	toent

Impersonal: **toid**

PAST

tois	toesom
toist	toesoch
toes	toesant

Impersonal: **towyd**

PLUPERFECT

toeswn	toesem
toesit	toesech
toesai	toesent

Impersonal: **toesid**

SUBJUNCTIVE PRESENT

towyf	tôm
toych, toech	tôch
to	tônt

Impersonal: **toer**

IMPERATIVE

- -	town
to, toa	towch
toed	toent

Impersonal: **toer**

VERBAL ADJECTIVES

toëdig 'covered, roofed'

238

PRESENT/FUTURE
torraf	**torrwn**
torri	**torrwch**
tyr, tor	**torrant**

Impersonal: **torrir**

IMPERFECT/CONDITIONAL
torrwn	**torrem**
torrit	**torrech**
torrai	**torrent**

Impersonal: **torrid**

PAST
torrais	**torasom**
torraist	**torasoch**
torrodd	**torasant**

Impersonal: **torrwyd**

PLUPERFECT
toraswn	**torasem**
torasit	**torasech**
torasai	**torasent**

Impersonal: **torasid, toresid**

SUBJUNCTIVE PRESENT
torrwyf	**torrom**
torrych	**torroch**
torro	**torront**

Impersonal: **torrer**

IMPERATIVE
- -	**torrwn**
tor, torr	**torrwch**
torred	**torrent**

Impersonal: **torrer**

VERBAL ADJECTIVES
toredig 'broken, cut, fractured'
toradwy 'fragile'

239

treiddio
'penetrate, pierce'

Stem: **treiddi-**

PRESENT / FUTURE
treiddiaf	treiddiwn
treiddi	treiddiwch
traidd	treiddiant

Impersonal: **treiddir**

IMPERFECT / CONDITIONAL
treiddiwn	treiddiem
treiddit	treiddiech
treiddiai	treiddient

Impersonal: **treiddid**

PAST
treiddiais	treiddiasom
treiddiaist	treiddiasoch
treiddiodd	treiddiasant

Impersonal: **treiddiwyd**

PLUPERFECT
treiddiaswn	treiddiasem
treiddiasit	treiddiasech
treiddiasai	treiddiasent

Impersonal: **treiddiasid, treiddiesid**

SUBJUNCTIVE PRESENT
treiddiwyf	treiddiom
treiddiech	treiddioch
treiddio	treiddiont

Impersonal: **treiddier**

IMPERATIVE
- -	treiddiwn
traidd,	treiddiwch
treiddia	treiddient
treiddied	

Impersonal: **treiddier**

VERBAL ADJECTIVES
treiddiedig 'penetrated, pervaded'
treiddiadwy 'penetrable'

PRESENT/FUTURE

triniaf	triniwn
trinni	triniwch
trinia	triniant

Impersonal: **trinnir**

IMPERFECT/CONDITIONAL

triniwn	triniem
trinnit	triniech
triniai	trinient

Impersonal: **trinnid**

PAST

triniais	triniasom
triniaist	triniasoch
triniodd	triniasant

Impersonal: **triniwyd**

PLUPERFECT

triniaswn	triniasem
triniasit	triniasech
triniasai	triniasent

Impersonal: **triniasid, triniesid**

SUBJUNCTIVE PRESENT

triniwyf	triniom
triniech	trinioch
trinio	triniont

Impersonal: **trinier**

IMPERATIVE

- -	triniwn
trinia	triniwch
trinied	trinient

Impersonal: **trinier**

VERBAL ADJECTIVES

triniedig 'managed, conducted'
triniadwy 'treatable'

trochi

(North Wales) 'immerse'; (South Wales) 'soil'   Stem: **troch-**

PRESENT / FUTURE

trochaf	trochwn
trochi	trochwch
(obs.) **trych,**	trochant
trocha	

Impersonal: **trochir**

IMPERFECT / CONDITIONAL

trochwn	trochem
trochit	trochech
trochai	trochent

Impersonal: **trochid**

PAST

trochais	trochasom
trochaist	trochasoch
trochodd	trochasant

Impersonal: **trochwyd**

PLUPERFECT

trochaswn	trochasem
trochasit	trochasech
trochasai	trochasent

Impersonal: **trochasid, trochesid**

SUBJUNCTIVE PRESENT

trochwyf	trochom
trochych	trochoch
trocho	trochont

Impersonal: **trocher**

IMPERATIVE

- -	trochwn
trocha	trochwch
troched	trochent

Impersonal: **trocher**

VERBAL ADJECTIVES

trochedig 'bathed, immersed'
trochadwy 'capable of being bathed'

242

PRESENT/FUTURE

trof	trown
troi	trowch
try	trônt

Impersonal: **troir**

IMPERFECT/CONDITIONAL

trown	troem
troit	troech
trôi	troent

Impersonal: **troid**

PAST

trois	troesom
troist	troesoch
troes, trodd	troesant

Impersonal: **trowyd, troed**

PLUPERFECT

troeswn	troesem
troesit	troesech
troesai	troesent

Impersonal: **troesid**

SUBJUNCTIVE PRESENT

trowyf	trôm
troech	troch
tro	trônt

Impersonal: **troer**

IMPERATIVE

- -	trown
tro	trowch
troed	troent, trônt

Impersonal: **troer**

VERBAL ADJECTIVES

troëdig 'turned, converted'
troadwy 'capable of being turned, convertible'

243

tybio, tybied
'imagine, suppose'; tybed 'I wonder'   Stem: **tybi-**

PRESENT/FUTURE
tybiaf	tybiwn
tybi	tybiwch
tyb, tybia	tybiant

Impersonal: **tybir**

IMPERFECT/CONDITIONAL
tybiwn	tybiem
tybit	tybiech
tybiai	tybient

Impersonal: **tybid**

PAST
tybiais	tybiasom
tybiaist	tybiasoch
tybiodd	tybiasant

Impersonal: **tybiwyd**

PLUPERFECT
tybiaswn	tybiasem
tybiasit	tybiasech
tybiasai	tybiasent

Impersonal: **tybiasid, tybiesid**

SUBJUNCTIVE PRESENT
tybiwyf	tybiom
tybiech	tybioch
tybio	tybiont

Impersonal: **tybier**

IMPERATIVE
- -	tybiwn
tybia	tybiwch
tybied	tybient

Impersonal: **tybier**

VERBAL ADJECTIVES
tybiedig 'imagined, supposed'
tybiadwy 'that can be supposed'

244

PRESENT / FUTURE
- -
- -
tycia

IMPERFECT / CONDITIONAL
- -
- -
tyciai

PAST
- -
- -
tyciodd

PLUPERFECT
- -
- -
tyciasai

tyfu
'grow, increase'

Stem: **tyf-**

PRESENT/FUTURE
tyfaf	tyfwn
tyfi	tyfwch
tyf	tyfant

Impersonal: **tyfir**

IMPERFECT/CONDITIONAL
tyfwn	tyfem
tyfit	tyfech
tyfai	tyfent

Impersonal: **tyfid**

PAST
tyfais	tyfasom
tyfaist	tyfasoch
tyfodd	tyfasant

Impersonal: **tyfwyd**

PLUPERFECT
tyfaswn	tyfasem
tyfasit	tyfasech
tyfasai	tyfasent

Impersonal: **tyfasid, tyfesid**

SUBJUNCTIVE PRESENT
tyfwyf	tyfom
tyfych	tyfoch
tyfo	tyfont

Impersonal: **tyfer**

IMPERATIVE
- -	tyfwn
tyf, tyfa	tyfwch
tyfed	tyfent

Impersonal: **tyfer**

VERBAL ADJECTIVES
tyfedig 'grown; vegetated'
tyfadwy 'that grows well, growable'

PRESENT/FUTURE

tyngaf	tyngwn
tyngi	tyngwch
twng	tyngant

Impersonal: **tyngir**

IMPERFECT/CONDITIONAL

tyngwn	tyngem
tyngit	tyngech
tyngai	tyngent

Impersonal: **tyngid**

PAST

tyngais	tynghasom
tyngaist	tynghasoch
tyngodd	tynghasant

Impersonal: **tyngwyd**

PLUPERFECT

tynghaswn	tynghasem
tynghasit	tynghasech
tynghasai	tynghasent

Impersonal: **tynghasid, tynghesid**

SUBJUNCTIVE PRESENT

tyngwyf	tyngom
tyngych	tyngoch
tyngo	tyngont

Impersonal: **tynger**

IMPERATIVE

- -	tyngwn
tynga	tyngwch
tynged	tyngent

Impersonal: **tynger**

VERBAL ADJECTIVES

tyngedig 'sworn'
tyngadwy 'swearable'

tynnu
'pull, draw'

PRESENT/FUTURE

tynnaf	tynnwn
tynni	tynnwch
tyn, tynn	tynnant

Impersonal: **tynnir**

IMPERFECT/CONDITIONAL

tynnwn	tynnem
tynnit	tynnech
tynnai	tynnent

Impersonal: **tynnid**

PAST

tynnais	tynasom
tynnaist	tynasoch
tynnodd	tynasant

Impersonal: **tynnwyd**

PLUPERFECT

tynaswn	tynasem
tynasit	tynasech
tynasai	tynasent

Impersonal: **tynasid, tynesid**

SUBJUNCTIVE PRESENT

tynnwyf	tynnom
tynnych	tynnoch
tynno	tynnont

Impersonal: **tynner**

IMPERATIVE

- -	tynnwn
tyn, tynna	tynnwch
tynned	tynnent

Impersonal: **tynner**

VERBAL ADJECTIVES

tynedig 'pulled, drawn'
tynadwy 'that can be pulled or drawn'

PRESENT/FUTURE

tyrraf	tyrrwn
tyrri	tyrrwch
twr, tyrra	tyrrant

Impersonal: **tyrrir**

IMPERFECT/CONDITIONAL

tyrrwn	tyrrem
tyrrit	tyrrech
tyrrai	tyrrent

Impersonal: **tyrrid**

PAST

tyrrais	tyrasom
tyrraist	tyrasoch
tyrrodd	tyrasant

Impersonal: **tyrrwyd**

PLUPERFECT

tyraswn	tyrasem
tyrasit	tyrasech
tyrasai	tyrasent

Impersonal: **tyrasid, tyresid**

SUBJUNCTIVE PRESENT

tyrrwyf	tyrrom
tyrrych	tyrroch
tyrro	tyrront

Impersonal: **tyrrer**

IMPERATIVE

- -	tyrrwn
twr, tyrra	tyrrwch
tyrred	tyrrent

Impersonal: **tyrrer**

VERBAL ADJECTIVES

tyredig 'heaped, accumulated'

tywynnu
'shine'

PRESENT/FUTURE

tywynnaf	**tywynnwn**
tywynni	**tywynnwch**
tywynna	**tywynnant**

Impersonal: **tywynnir**

IMPERFECT/CONDITIONAL

tywynnwn	**tywynnem**
tywynnit	**tywynnech**
tywynnai	**tywynnent**

Impersonal: **tywynnid**

PAST

tywynnais	**tywynasom**
tywynnaist	**tywynasoch**
tywynnodd	**tywynasant**

Impersonal: **tywynnwyd**

PLUPERFECT

tywynaswn	**tywynasem**
tywynasit	**tywynasech**
tywynasai	**tywynasent**

Impersonal: **tywynasid, tywynnesid**

SUBJUNCTIVE PRESENT

tywynnwyf	**tywynnom**
tywynnech	**tywynnoch**
tywynno	**tywynnont**

Impersonal: **tywynner**

IMPERATIVE

- -	**tywynnwn**
tywynna	**tywynnwch**
tywynned	**tywynnent**

Impersonal: **tywynner**

VERBAL ADJECTIVES

tywynedig 'made shiny'

PRESENT / FUTURE

ufuddhaf	**ufuddhawn**
ufuddhei	**ufuddhewch**
ufuddha	**ufuddhânt**

Impersonal: **ufuddheir**

IMPERFECT / CONDITIONAL

ufuddhawn	**ufuddhaem**
ufuddheit	**ufuddhaech**
ufuddhâi	**ufuddhaent**

Impersonal: **ufuddheid**

PAST

ufuddheais	**ufuddhasom**
ufuddheaist	**ufuddhasoch**
ufuddhaodd	**ufuddhasant**

Impersonal: **ufuddhawyd**

PLUPERFECT

ufuddhaswn	**ufuddhasem**
ufuddhasit	**ufuddhasech**
ufuddhasai	**ufuddhasent**

Impersonal: **ufuddhesid, ufuddhasid**

SUBJUNCTIVE PRESENT

ufuddhawyf	**ufuddhaom**
ufuddheych	**ufuddhaoch**
ufuddhao	**ufuddhaont**

Impersonal: **ufuddhaer**

IMPERATIVE

- -	**ufuddhawn**
ufuddha	**ufuddhewch**
ufuddhaed	**ufuddhaent**

Impersonal: **ufuddhaer**

VERBAL ADJECTIVES

- -

yfed
'drink'

PRESENT/FUTURE

yfaf	yfwn
yfi	yfwch
yf	yfant

Impersonal: **yfir**

IMPERFECT/CONDITIONAL

yfwn	yfem
yfit	yfech
yfai	yfent

Impersonal: **yfid**

PAST

yfais	yfasom
yfaist	yfasoch
yfodd	yfasant

Impersonal: **yfwyd**

PLUPERFECT

yfaswn	yfasem
yfasit	yfasech
yfasai	yfasent

Impersonal: **yfasid, yfesid**

SUBJUNCTIVE PRESENT

yfwyf	yfom
yfych	yfoch
yfo	yfont

Impersonal: **yfer**

IMPERATIVE

- -	yfwn
yf, yfa	yfwch
yfed	yfent

Impersonal: **yfer**

VERBAL ADJECTIVES

yfedig 'drunk'
yfadwy 'drinkable'

PRESENT / FUTURE

ymadawaf	ymadawn
ymadewi	ymadewch
ymedy,	ymadawant
ymadawa	

Impersonal: **ymadewir**

IMPERFECT / CONDITIONAL

ymadawn	ymadawem
ymadawit	ymadawech
ymadawai	ymadawent

Impersonal: **ymadewid**

PAST

ymadewais	ymadawsom
ymadewaist	ymadawsoch
ymadawodd	ymadawsant

Impersonal: **ymadawyd**

PLUPERFECT

ymadawswn	ymadawsem
ymadawsit	ymadawsech
ymadawsai	ymadawsent

Impersonal: **ymadawsid**

SUBJUNCTIVE PRESENT

ymadawyf	ymadawom
ymadewych	ymadawoch
ymadawo	ymadawont

Impersonal: **ymadawer**

IMPERATIVE

- -	ymadawn
ymâd,	ymadewch
ymadawa	ymadawent
ymadawed	

Impersonal: **ymadawer**

VERBAL ADJECTIVES

ymadawedig 'departed, deceased'

ymafael, ymaflyd
'take hold, seize, grasp'   Stem: **ymafael-; ymafl-**

PRESENT / FUTURE
ymafaelaf, ymaflaf   ymafaelwn, ymaflwn
ymafaeli, ymefli   ymafaelwch, ymeflwch
ymafael, ymafla   ymafaelant, ymaflant
Impersonal: **ymafaelir, ymeflir**

IMPERFECT / CONDITIONAL
ymafaelwn, ymaflwn   ymafaelem, ymaflem
ymafaelit, ymaflit   ymafaelech, ymaflech
ymafaelai, ymaflai   ymafaelent, ymaflent
Impersonal: **ymafaelid, ymeflid**

PAST
ymafaelais, ymeflais   ymafaelasom, ymaflasom
ymafaelaist, ymeflaist   ymafaelasoch, ymaflasoch
ymafaelodd, ymaflaodd   ymafaelasant, ymaflasant
Impersonal: **ymafaelwyd, ymaflwyd**

PLUPERFECT
ymafaelaswn, ymaflaswn   ymafaelasem, ymaflasom
ymafaelasit, ymaflasit   ymafaelasech, ymaflasoch
ymafaelasai, ymaflasai   ymafaelasent, ymaflasant
Impersonal: **ymafaelasid, ymaflasid**

SUBJUNCTIVE PRESENT
ymafaelwyf, ymaflwyf   ymafaelom, ymaflom
ymafaelych, ymaflych   ymafaeloch, ymafloch
ymafaelo, ymaflo   ymafaelont, ymaflont
Impersonal: **ymafaeler, ymafler**

IMPERATIVE
- -   ymafaelwn, ymaflwn
ymafael, ymafaela   ymafaelwch, ymaflch
ymafaeled, ymafled   ymafaelent, ymaflent
Impersonal: **ymafaeler, ymafler**

VERBAL ADJECTIVES
- -

PRESENT/FUTURE

ymyrraf	ymyrrwn
ymyrri	ymyrrwch
ymyrra	ymyrrant

Impersonal: **ymyrrir**

IMPERFECT/CONDITIONAL

ymyrrwn	ymyrrem
ymyrrit	ymyrrech
ymyrrai	ymyrrent

Impersonal: **ymyrrid**

PAST

ymyrrais	ymyrasom
ymyrraist	ymyrasoch
ymyrrodd	ymyrasant

Impersonal: **ymyrrwyd**

PLUPERFECT

ymyraswn	ymyrasem
ymyrasit	ymyrasech
ymyrasai	ymyrasent

Impersonal: **ymyrasid, ymyresid**

SUBJUNCTIVE PRESENT

ymyrrwyf	ymyrrom
ymyrrych	ymyrroch
ymyrro	ymyrront

Impersonal: **ymyrrer**

IMPERATIVE

- -	ymyrrwn
ymyrra	ymyrrwch
ymyrred	ymyrrent

Impersonal: **ymyrrer**

VERBAL ADJECTIVES

- -

ysgog, ysgogi
'stir, move, impel'

Stem: **ysgog-**

PRESENT/FUTURE

ysgogaf	ysgogwn
ysgogi	ysgogwch
(obs.) ysgyg,	ysgogant
ysgoga	

Impersonal: **ysgogir**

IMPERFECT/CONDITIONAL

ysgogwn	ysgogem
ysgogit	ysgogech
ysgogai	ysgogent

Impersonal: **ysgogid**

PAST

ysgogais	ysgogasom
ysgogaist	ysgogasoch
ysgogodd	ysgogasant

Impersonal: **ysgogwyd**

PLUPERFECT

ysgogaswn	ysgogasem
ysgogasit	ysgogasech
ysgogasai	ysgogasent

Impersonal: **ysgogasid, ysgogesid**

SUBJUNCTIVE PRESENT

ysgogwyf	ysgogom
ysgogych	ysgogoch
ysgogo	ysgogont

Impersonal: **ysgoger**

IMPERATIVE

- -	ysgogwn
ysgoga	ysgogwch
ysgoged	ysgogent

Impersonal: **ysgoger**

VERBAL ADJECTIVES

ysgogedig 'stirred'
ysgogadwy 'that can be stirred'

256

ysgrifennu, sgrifennu
'write'

PRESENT / FUTURE

ysgrifennaf	**ysgrifennwn**
ysgrifenni	**ysgrifennwch**
ysgrifenna	**ysgrifennant**

Impersonal: **ysgrifennir**

IMPERFECT / CONDITIONAL

ysgrifennwn	**ysgrifennem**
ysgrifennit	**ysgrifennech**
ysgrifennai	**ysgrifennent**

Impersonal: **ysgrifennid**

PAST

ysgrifennais	**ysgrifenasom**
ysgrifennaist	**ysgrifenasoch**
ysgrifennodd	**ysgrifenasant**

Impersonal: **ysgrifennwyd**

PLUPERFECT

ysgrifenaswn	**ysgrifenasem**
ysgrifenasit	**ysgrifenasech**
ysgrifenasai	**ysgrifenasent**

Impersonal: **ysgrifenasid, ysgrifenesid**

SUBJUNCTIVE PRESENT

ysgrifennwyf	**ysgrifennom**
ysgrifennych	**ysgrifennoch**
ysgrifenno	**ysgrifennont**

Impersonal: **ysgrifenner**

IMPERATIVE

- -	**ysgrifennwn**
ysgrifenna	**ysgrifennwch**
ysgrifenned	**ysgrifennent**

Impersonal: **ysgrifenner**

VERBAL ADJECTIVES

ysgrifenedig 'written'
ysgrifenadwy 'that can be written'

ysgwyd
'shake, sway'

PRESENT/FUTURE

ysgydwaf	ysgydwn
ysgydwi	ysgydwch
ysgwyd,	ysgydwant
ysgydwa	

Impersonal: **ysgydwir**

IMPERFECT/CONDITIONAL

ysgydwn	ysgydwem
ysgydwit	ysgydwech
ysgydwai	ysgydwent

Impersonal: **ysgydwid**

PAST

ysgydwais	ysgydwasom
ysgydwaist	ysgydwasoch
ysgydwodd	ysgydwasant

Impersonal: **ysgydwyd**

PLUPERFECT

ysgydwaswn	ysgydwasem
ysgydwasit	ysgydwasech
ysgydwasai	ysgydwasent

Impersonal: **ysgydwasid, ysgydwesid**

SUBJUNCTIVE PRESENT

ysgydwyf	ysgydwom
ysgydwych	ysgydwoch
ysgydwo	ysgydwont

Impersonal: **ysgydwer**

IMPERATIVE

- -	ysgydwn
ysgwyd,	ysgydwch
ysgydwa	ysgydwent
ysgydwed	

Impersonal: **ysgydwer**

VERBAL ADJECTIVES
ysgwydadwy 'that can be shaken'

PRESENT / FUTURE

ystyriaf	**ystyriwn**
ystyri	**ystyriwch**
ystyria	**ystyriant**

Impersonal: **ystyrir**

IMPERFECT / CONDITIONAL

ystyriwn	**ystyirem**
ystyrit	**ystyriech**
ystyriai	**ystyirent**

Impersonal: **ystyrid**

PAST

ystyriais	**ystyriasom**
ystyriaist	**ystyriasoch**
ystyriodd	**ystyriasant**

Impersonal: **ystyriwyd**

PLUPERFECT

ystyriaswn	**ystyriasem**
ystyriasit	**ystyriasech**
ystyriasai	**ystyriasent**

Impersonal: **ystyriasid, ystyriesid**

SUBJUNCTIVE PRESENT

ystyriwyf	**ystyriom**
ystyriech	**ystyrioch**
ystyrio	**ystyriont**

Impersonal: **ystyrier**

IMPERATIVE

- -	**ystyriwn**
ystyria	**ystyriwch**
ystyried	**ystyrient**

Impersonal: **ystyrier**

VERBAL ADJECTIVES

ystyriedig 'studied, considered'

Appendix 1: Verb + Preposition + Verb/Person

adrodd wrth 'to relate, recite to'
addo i 'to promise [a person]'
anghofio am 'to forget to'
amddiffyn rhag 'to defend, protect from'
anfon at 'to send to'
aros wrth 'to stay at'
ateb dros 'to answer for'
cadw rhag 'to keep, save from'
cael oddi wrth 'to get from'
ceisio am 'to apply for'
cilio rhag 'to flee, retreat from'
clywed am 'to hear about'
cofio am 'to remember about'
cofio at 'to remember to'
cyfarfod â (ag) 'to meet (with)'
cyffwrdd â (ag) 'to touch'
chwarae dros 'to play for'
chwarae am 'to play for'
chwerthin am ben 'to laugh at'
dadlau â (ag) 'to argue with'
dadlau am 'to argue about'
dadlau dros 'to plead for'
dechrau 'to start, begin'
dibynnu ar 'to depend, rely on'
diolch i 'to thank [a person]'
disgwyl am 'to expect'
dweud am 'to speak of'
dweud wrth 'to tell [a person]'
dwyn at 'to take, bring to'
dyfod â (ag) 'to bring'
dysgu i 'to teach [a person]'
erchi i 'to ask, command [a person]'
erfyn ar 'to beg [a person]'
ffoi rhag 'to flee from'
gadael i 'to allow, let [a person]'
galw yn 'to call at'
glynu wrth 'to cling, stick, adhere, cleave to'
gofyn i 'to ask, request [a person]'
gorchymyn i 'to command [a person]'
gorfodi i 'to oblige, compel [a person]'

gweddïo ar 'to pray unto'
gwenu ar 'to smile at'
gwrando ar 'to listen to'
meddwl am 'to think about'
methu â (ag) 'to fail'
mynd â (ag) 'to take'
mynd heibio i 'to go past'
nesáu, nesu at 'to approach'
peidio â (ag) 'to refrain from'
peri i 'to cause'
rhedeg at 'to run to'
rhoi, rhoddi i 'to give to'
sefyll wrth 'to stand by'
siarad â (ag) 'to speak to'
siarad am 'to speak about'
sôn am 'to mention'
talu am 'to pay for'
troi at 'to turn to'
tywynnu ar 'to shine on'
ymadael, ymado â (ag) 'leave, depart from'
ysgrifennu at 'to write to'

Appendix 2: Verb Stems and Irregular Forms

a-	mynd, myned 'go'
acti-	actio 'act'
adfer-	adfer, edfryd 'return'
adnabu-	adnabod 'know, recognize'
adnabydd-	adnabod 'know, recognize'
adnap-	adnabod 'know, recognize'
adrodd-	adrodd, adroddi 'relate'
adwaen-	adnabod 'know, recognize'
addaw-	addo 'promise'
aeth-	mynd, myned 'go'
agor-	agor 'open'
anghofi-	anghofio 'forget'
amddiffynn-	amddiffyn 'defend'
amheu-, ameu-	amau 'dispute, doubt'
anerch-	annerch 'greet, address'
anfon-	anfon 'send'
anog-	annog 'incite, urge'
arbed-	arbed 'spare, save'
arch-	erchi 'ask, command'
ardd-	aredig 'plow'
arhos-	aros 'wait, stay, stop'
arllwys-	arllwys 'pour'
arweini-	arwain 'lead'
atal(i)-	atal 'stop, prevent'
ateb-	ateb 'answer'
ba-	bod 'be, exist'
barn-	barnu 'judge, consider'
bawdd	boddi 'drown, flood'
beiddi-	beiddio 'dare, defy'
beirn	barnu 'judge, consider'
bodd-	boddi 'drown, flood'
bu-	bod 'be, exist'
bwri-	bwrw 'throw, cast, strike'
bwyf	bod 'be, exist'
bwyta-	bwyta 'eat'
bydd-	bod 'be, exist'
bygythi-	bygwth 'threaten'
ca-	cael, caffael 'have, get'

Appendix 2: Verb Stems and Irregular Forms

cadd	**cael, caffael** 'have, get'
cadw-	**cadw** 'keep, guard, save'
cae-	**cau** 'close, shut'
caff-	**cael, caffael** 'have, get'
caiff, ceiff, ceith	**cael, caffael** 'have, get'
can-	**canu** 'sing, play'
canfu-	**canfod** 'perceive, see'
canfydd-	**canfod** 'perceive, see'
caniata-	**caniatáu** 'permit, allow'
car-	**caru** 'love'
casa-	**casáu** 'hate, detest'
cawn	**cael, caffael** 'have, get'
cefais, ces	**cael, caffael** 'have, get'
ceidw	**cadw** 'keep, guard, save'
ceisi-	**ceisio** 'seek, try'
cer	**mynd, myned** 'go'
cerdd-	**cerdded** 'walk'
cewch	**cael, caffael** 'have, get'
cili-	**cilio** 'fleé, retreat'
clo-	**cloi** 'lock, close'
clois-, cloes-	**cloi** 'lock, close'
cly	**cloi** 'lock, close'
clyw-	**clywed** 'hear'
cno-	**cnoi** 'bite, chew, gnaw; ache'
cnois-, cnoes-	**cnoi** 'bite, chew, gnaw; ache'
coch-	**cochi** 'redden, blush'
cod-	**codi** 'rise, raise'
cofi-	**cofio** 'remember'
coll-	**colli** 'lose'
cny	**cnoi** 'bite, chew, gnaw; ache'
crawn	**crynhoi** 'collect, gather; summarize'
cre-	**creu** 'create'
cred-	**credu** 'believe, trust'
croesaw-	**croesawu** 'welcome'
cryfha-	**cryfhau** 'strengthen, become strong'
cryn-	**crynu** 'shake, shiver, tremble'
crynho-	**crynhoi** 'collect, gather; summarize'
cwsg	**cysgu** 'sleep; become numb'
cwyd	**codi** 'rise, raise'
cychwynn-	**cychwyn** 'start, begin, stir, set out'

cydnabu-	cydnabod 'acknowledge, recognize'
cydnabydd-	cydnabod 'acknowledge, recognize'
cyfarfydd-	cyfarfod 'meet'
cyfle-	cyfleu 'convey'
cyfod-	codi, cyfodi 'rise, raise'
cyfyd	codi, cyfodi 'rise, raise'
cyffro-	cyffroi 'move, excite, disturb'
cyffry	cyffroi 'move, excite, disturb'
cyffyrdd-	cyffwrdd 'touch'
cyll	colli 'lose'
cymer-	cymryd 'take, accept'
cymhell-	cymell 'urge, press, induce, compel'
cyneu-	cynnau 'kindle, light'
cynhali-	cynnal 'support, hold, maintain'
cynhwys-	cynnwys 'contain, include'
cynhyrch-	cynhyrchu 'produce'
cynigi-	cynnig 'attempt, offer, propose'
cynneil	cynnal 'support, hold, maintain'
cynnyrch	cynhyrchu 'produce'
cynydd-	cynyddu 'increase, grow'
cyrch-	cyrchu 'attack, fetch, approach, frequent'
cyrhaedd-	cyrraedd 'reach, arrive, attain'
cysg-	cysgu 'sleep; become numb'
chwâl-	chwalu 'scatter, demolish'
chwardd	chwerthin 'laugh, smile'
chwarae-	chwarae 'play'
chwardd-	chwerthin 'laugh, smile'
chwery	chwarae 'play'
chwiban-	chwibanu, chwiban 'whistle'
dadlenn-	dadlennu 'disclose, reveal'
dadleu-	dadlau 'argue, debate'
daeth-	dyfod, dod, dŵad 'come'
dali-	dal 'hold, catch, continue, remain'
dangos-	dangos 'show'
darfu-	darfod 'end, die; happen'
darfydd-	darfod 'end, die; happen'
darganfu-	darganfod 'discover'

Appendix 2: Verb Stems and Irregular Forms

darganfydd-	**darganfod** 'discover'
darllen-	**darllen** 'read'
datod-	**datod** 'undo, untie'
daw	**dyfod, dod, dŵad** 'come'
deall-	**deall** 'understand'
dechreu-	**dechrau** 'start, begin'
deffro-	**deffro** 'awake, awaken'
deffry	**deffro** 'awake, awaken'
defnyddi-	**defnyddio** 'use'
dengys	**dangos** 'show'
deil	**dal** 'hold, catch, continue, remain'
dels-	**dyfod, dod, dŵad** 'come'
derbyni-	**derbyn** 'receive'
dere	**dyfod, dod, dŵad** 'come'
deryw, derw	**darfod** 'end, die; happen'
detyd	**datod** 'undo, untie'
deu-, del-	**dyfod, dod, dŵad** 'come'
dewch	**dyfod, dod, dŵad** 'come'
dibynn-	**dibynnu** 'depend, rely'
diffodd-	**diffodd, diffoddi** 'extinguish, go out'
diflann-	**diflannu** 'disappear, vanish'
difyrr-	**difyrru** 'amuse'
diffydd	**diffodd, diffoddi** 'extinguish, go out'
digwydd-	**digwydd** 'happen'
dihang-	**dianc** 'escape'
dile-	**dileu** 'delete, abolish, exterminate'
dilyn-	**dilyn** 'follow'
diolch-	**diolch** 'thank'
disgwyli-	**disgwyl** 'expect'
disgynn-	**disgyn** 'descend'
diylch	**diolch** 'thank'
diystyr-	**diystyru** 'despise, disregard'
do-, dow-	**dyfod, dod, dŵad** 'come'
dod-	**dodi** 'place, give'
dos	**mynd, myned** 'go'
dow-	**dyfod, dod, dŵad** 'come'
dwg	**dwyn** 'lead, take, bring, steal'
dychlam-	**dychlamu** 'leap; throb'
dychleim	**dychlamu** 'leap; throb'
dychryn-	**dychryn** 'frighten, be frightened'

dŷd	**dodi** 'place, give'
dyddi-	**dyddio** 'dawn'
dyg-	**dwyn** 'lead, take, bring, steal'
dyl-	**dylu** 'ought, should; owe'
dyrchaf-	**dyrchafu** 'raise, rise'
dysg-	**dysgu** 'learn, teach'
dyro, dyry	**rhoi, rhoddi** 'give, put'
dywed-	**dweud, dywedyd** 'say'
edfryd, edfyr	**adfer** 'return, restore'
edrydd	**adrodd, adroddi** 'relate, recite'
eddy	**addo** 'promise'
el-	**mynd, myned** 'go'
egyr	**agor** 'open'
eirch	**erchi** 'ask, command'
els-	**mynd, myned** 'go'
enill-	**ennill** 'win, gain'
enfyn	**anfon** 'send'
ennyg	**annog** 'incite, urge'
enynn-	**ennyn** 'light, inflame'
erbyd	**arbed** 'spare, save'
erfyni-	**erfyn** 'beg, pray'
erlyn-	**erlyn** 'prosecute'
erys	**aros** 'wait, stay, stop'
esgynn-	**esgyn** 'rise, ascend'
estynn-	**estyn** 'reach, pass, stretch, hand'
eteil, etyl	**atal** 'stop, prevent'
etyb	**ateb** 'answer'
ffo-	**ffoi** 'flee'
ffrae-	**ffraeo** 'quarrel'
ffy	**ffoi** 'flee'
ffynn-	**ffynnu** 'thrive'
gadaw-	**gadael** 'leave, allow, let; desert'
gafael-	**gafael** 'grasp, seize, grip'
gain	**genni** 'be contained'
gall-	**gallu** 'be able (to), can'
galw-	**galw** 'call, summon'
gan-	**geni** 'be born'

gann-	genni 'be contained'
gedy	gadael 'leave, allow, let; desert'
geilw	galw 'call, summon'
geill	gallu 'be able (to), can'
gesyd	gosod 'place'
glanha-	glanhau 'clean, cleanse, purify'
glyn-	glynu 'cling, stick, adhere, cleave'
gofynn-	gofyn 'ask, request'
golch-	golchi 'wash'
gollyng-	gollwng 'release'
gorchmynn-	gorchymyn 'command'
gorffenn-	gorffen 'finish'
gorfod-	gorfodi 'oblige, compel'
gorfu-	gorfod 'overcome'; 'be obliged'
gorfydd-	gorfod 'overcome'; 'be obliged'
gorwedd-	gorwedd 'lie down, recline'
goryw	gorfod 'overcome'; 'be obliged'
gosod-	gosod 'place'
gostyng-	gostwng 'lower, reduce'
gwad-	gwadu 'deny, disown'
gwahardd-	gwahardd 'prohibit'
gwared-	gwaredu, gwared 'save, deliver; do away with'
gwasgar-	gwasgaru 'spread, scatter'
gwe-	gwau 'weave, knit'
gweddï-	gweddïo 'pray'
gweheirdd	gwahardd 'prohibit'
gwel-	gweld, gweled 'see'
gwels-	gweld, gweled 'see'
gwen-	gwenu 'smile'
gweryd	gwaredu, gwared 'save, deliver; do away with'
gwesgyr	gwasgaru 'spread, scatter'
gwna-	gwneud, gwneuthur 'make, do'
gwnaeth-	gwneud, gwneuthur 'make, do'
gwnel-	gwneud, gwneuthur 'make, do'
gwnï-	gwnïo 'sew, stitch'
gwrandaw-	gwrando 'listen'
gwrendy	gwrando 'listen'
gwrthod-	gwrthod 'refuse, reject'

gwrthyd	gwrthod 'refuse, reject'
gwybu-	gwybod 'know' (a fact)
gwybydd-	gwybod 'know' (a fact)
gwydd-	gwybod 'know' (a fact)
gwŷl	gweld, gweled 'see'
gwyp-	gwybod 'know' (a fact)
gŵyr	gwybod 'know' (a fact)
gylch	golchi 'wash'
gyrr-	gyrru 'drive, send'
haedd-	haeddu 'deserve, merit'
hanfu-	hanfod 'exist, issue from'
hanfydd-	hanfod 'exist, issue from'
hanoedd-	hanfod 'exist, issue from'
hawl	holi 'ask'
heli-	hel 'drive; gather'
henffych, henfydd	hanfod 'exist, issue from'
heu-	hau 'sow'
hol-	holi 'ask'
honn-	honni 'assert, pretend'
hwd-, hwr-	hwde, hwre 'takeı, acceptı'
lladd-	lladd 'kill, cut'
llam-	llamu 'leap'
llanw-	llanw, llenwi 'fill'
llawenha-	llawenhau 'rejoice, gladden'
llefar-	llefaru 'speak, utter'
lleinw	llanw, llenwi 'fill'
llosg-	llosgi 'burn'
llwnc	llyncu 'swallow'
lluni-	llunio 'form, fashion'
llyf-	llyfu 'lick'
llync-	llyncu 'swallow'
llysg	llosgi 'burn'
mag-	magu 'breed, nurse'
mai	bod 'be, exist'
maidd	meiddio 'dare'
mal-	malu 'grind'
medd-	medd 'say'

Appendix 2: Verb Stems and Irregular Forms

meddiann-	meddiannu 'own, possess'
meddyli-	meddwl 'think, mean, intend'
medr-	medru 'be able, know how to'
meiddi-	meiddio 'dare'
meth-	methu 'fail'
moliann-	moliannu 'praise'
mwynha-	mwynhau 'enjoy'
mynn-	mynnu 'will, wish, insist, obtain'
naid	neidio 'jump; throb'
nawf	nofio 'swim'
neidi-	neidio 'jump; throb'
nesa-	nesâu, nesu 'approach'
newidi-	newid 'change'
nofi-	nofio 'swim'
nos-	nosi 'become night'
oedd-	bod 'be, exist'
paid	peidio 'cease, stop'
pair	peri 'cause'
par-	peri 'cause'
parato-	paratoi 'prepare'
parch-	parchu 'respect'
parha-	para, parhau 'continue'
pawr	pori 'grace'
peidi-	peidio 'cease, stop'
peirch	parchu 'respect'
penderfyn-	penderfynu 'decide, resolve'
pery	para, parhau 'continue'
petawn, petaet, petai	bod 'be, exist'
plann-	plannu 'plant'
plyg-	plygu 'fold, bend, stoop, bow; submit'
por-	pori 'graze'
prawf	profi 'test, prove, taste'
prof-	profi 'test, prove, taste'
pryn-	prynu 'buy, redeem'
rhann-	rhannu 'share, divide'

rhed-	rhedeg 'run, flow'
rho-	rhoi, rhoddi 'give, put'
rhodd-	rhoi, rhoddi 'give, put'
rhodi-	rhodio 'walk'
rhy, rhydd	rhoi, rhoddi 'give, put'
rhynn-	rhynnu 'shiver'
saeth-	saethu 'shoot, fire'
saf-	sefyll 'stand, stop, stay'
sang-	sangu, sengi 'tread'
saif	sefyll 'stand, stop, stay'
siarad-	siarad 'speak'
sibryd-	sibrwd 'whisper'
sieryd	siarad 'speak'
soni-	sôn 'mention'
sych-	sychu 'dry'
sydd (sy)	bod 'be, exist'
synn-	synnu 'wonder, surprise'
syrthi-	syrthio 'fall'
taer-	taeru 'maintain, insist'
tafl-	taflu 'throw, hurl, fling'
tal-	talu 'pay'
tarf-	tarfu 'scare'
tau	tewi 'be silent'
taw	bod 'be, exist'
taw-	tewi 'be silent'
tawdd	toddi 'melt'
teifl	taflu 'throw, hurl, fling'
teirf	tarfu 'scare'
terfyn-	terfynu 'end, terminate, limit'
tery	taro 'strike, hit'
to-	toi 'roof'
todd-	toddi 'melt'
torr-	torri 'break, cut'
traw-	taro 'strike, hit'
treiddi-	treiddio 'penetrate, pierce'
trini-	trin 'treat'
tro-	troi 'turn'
troch-	trochi 'immerse, soil'

try	**troi** 'turn'
trych	**trochi** 'immerse, soil'
twng	**tyngu** 'swear'
twr	**tyrru** 'crowd together, heap'
tybi-	**tybio, tybied** 'imagine, suppose'; **tybed** 'I wonder'
tyci-	**tycio** 'avail'
tyf-	**tyfu** 'grow, increase'
tyng-	**tyngu** 'swear'
tynn-	**tynnu** 'pull, draw'
tyr	**torri** 'break, cut'
tyred, tyrd	**dyfod, dod, dŵad** 'come'
tyrr-	**tyrru** 'crowd together, heap'
tywynn-	**tywynnu** 'shine'
ufuddha-	**ufuddhau** 'obey'
yf-	**yfed** 'drink'
ymadaw-	**ymadael, ymado** 'leave, depart'
ymafael-	**ymafael, ymaflyd** 'take hold, seize, grasp'
ymafl-	**ymafael, ymaflyd** 'take hold, seize, grasp'
ymedy	**ymadael, ymado** 'leave, depart'
ymyrr-	**ymyrraeth, ymyrryd, ymyrru** 'interfere'
ysgog-	**ysgog, ysgogi** 'stir, move, impel'
ysgrifenn-	**ysgrifennu, sgrifennu** 'write'
ysgydw-	**ysgwyd** 'shake, sway'
ystyri-	**ystyried** 'consider'